Münsterschwarzacher Kleinschriften

herausgegeben

von den Mönchen der Abtei Münsterschwarzach

Band 170

W0171779

Meinrad Dufner

Seele ist Körper

Vier-Türme-Verlag

1. Auflage 2009
© Vier-Türme GmbH, Verlag, Münsterschwarzach 2009
Alle Rechte vorbehalten

Lektorat: Richard Reschika
Umschlaggestaltung: Morian & Bayer-Eynck, Coesfeld
Umschlagmotiv: Hildegard Morian, Coesfeld
Gesamtherstellung: Vier-Türme GmbH, Benedict Press,
Münsterschwarzach
ISBN 978-3-89680-416-7
ISSN 0171-6360

www.vier-tuerme-verlag.de

Inhalt

Vorwort

Als ich meinen Leib entdeckte, war das eine riesige Überraschung. Lange genug musste er sich fragwürdig anschauen lassen. Jetzt aber erschloss mir die Begegnung mit dem Psychologen und Zen-Schriftsteller Karlfried Graf von Dürckheim (1896–1988) und dem Schriftsteller, Mystiker und Symbolforscher Alfons Rosenberg (1902–1985), dass Leib ein Weg der Übung und Erfahrung, ein Weg der Reifung und geistlichen Spur sei. So schrieb ich meine Diplomarbeit unter dem Thema *Leib als Weg der Gotteserkenntnis und Gotteserfahrung.* Das Thema verfolgte mich weiter. Daraus entstand 2008 die Ausstellung meiner jüngsten Bilder unter dem Titel Seele ist Körper. Im gleichnamigen Katalog wird diese Behauptung sichtbar gemacht.

Da der Körper ganz und gar durchseelt ist, alles an ihm ureigenstes Wesen wie auch Geheimnis ist, kann man sehen, wer wir sind. Diesem Anschauen ist der erste Teil gewidmet.

Im zweiten Teil verlängere ich die Erfahrung der Leiblichkeit zur Praxis der Religion. Ursprünglich sollte der Titel der Schrift lauten: *Katholisch – sinnlich.*

Damit wird gezeigt, in welch vielfältiger Weise im Körper Seele sich auslebt und dieser als geistlicher Weg taugt. Der dritte Teil spürt der Bildsprache dieses geheimnisvollen Themas nach und lädt zum Verweilen ein.

I. Symbolik des menschlichen Leibes

1. Unser Leib – unser Weg

Wir sind gewohnt anzunehmen, Wahrheit habe mit Gedanken und Überzeugungen zu tun. Das auch. Aber heutzutage sind viele Sicherheiten, die noch vor kurzem als unumstößlich galten, zerbrochen oder wenigstens brüchig geworden. Worauf ist noch Verlass, was gilt noch? Da ist es nachvollziehbar, dass vor einem solchen Hintergrund ein neuer Körperkult entstand. Er ist nicht das Ergebnis einer narzisstischen Selbstverliebtheit oder einer panerotischen Atmosphäre. Er ist zunächst einmal eine gesunde Reaktion. Wenn alles nebulös wird, ist das Wahrnehmen meiner selbst ein einfacher, aber durchaus realer Fixpunkt. Ich finde mich in der Welt wieder zurecht, weil ich mich fühle und ertaste, mich anschaue, mich erlebe.

Das Jogging am Sonntagmorgen findet zwar zur Zeit des Gottesdienstes statt, richtet sich aber nicht gegen diesen. Das Laufen ermöglicht eine Erfahrung der Selbstwahrnehmung, die nicht trügt. Es bringt den Menschen, der eine ganze Woche lang aufgrund vielerlei Pflichten und Aufgaben von sich entfremdet wurde, wieder in die Gegenwart zurück. Dass der Körperkult auch religionsähnliche Formen annehmen kann, muss nicht gleich verteufelt werden. Sich bei sich selbst einfinden – früher hieß das: »sich sammeln« – ist ein erster notwendiger Schritt, dass Begegnung, auch Gottesbegegnung, wieder stattfinden kann.

Deshalb lobe ich mir das Erfahrbare, das, was ich anschauen kann. In der Kontemplation seines Bildes gibt es seine Wahrheit frei. Das Sichtbare ist voller Geheimnis des Unsichtbaren. Mein Leib erzählt Wahrheit. Davon soll die Rede sein.

Zu den wesentlichen Grundhaltungen des Menschen gehört sein aufrechter Gang, sein **Stehen** auf zwei Füßen. Dieses Stehen und das Aushalten der Spannung dabei stellt nicht nur eine äußerliche Aufgabe dar. Den Boden bestehen, ihm gewachsen sein, ist der eine Pol der Lebensbewältigung. Die andere Bewegung erstreckt sich zum Kopf hin, nach oben. Sich zum Himmel ausrichten, das bildet den Gegenpol. Dürckheim sprach oft vom »doppelten Ursprung des Menschen«. Wer also sein Aufrechtsein und -bleiben übt, sich immer wieder leiblich an diesen Auftrag erinnert, macht nicht nur eine Leibesübung, er macht eine Wesensgebärde, er erlebt etwas von seinem Wesen.

Wie wichtig das Gesagte ist, zeigt uns dessen Vernachlässigung. Wir sprechen davon, dass Menschen sich »hängen lassen«.

Im Gehen oder Stehen weisen sie eine durchgängige Spannungslosigkeit auf, sie werden gleichsam zu Boden gedrückt. Wir nehmen etwas »Verhocktes« wahr. Auf eine andere Art und Weise aus der Form geraten, präsentiert sich der exaltierte Mensch. Dieser scheint gleichsam leicht über dem Boden zu schweben. Hier möchte man Bodenhaftung verordnen: bodenständiges Denken, realitätsbezogenes Handeln.

Die gesunde Beweglichkeit kommt aus einer Mitte, die spielerisch mit beiden Polen umzugehen weiß. Diese Mitte ist aber nichts Statisches, sie muss vielmehr aus dem Fluss des Lebendigen stets aufs Neue gefunden werden. Sie ist eine Daueraufgabe.

Will der Mensch Schritte tun, hebt er einen Fuß vom Boden, verlagert sein Gewicht aus dem Schwerpunkt in die Diagonale und fängt den Fall mit dem anderen Fuß ab. Jeder Schritt ist sozusagen ein aufgefangener Fall. Bei jedem Schritt können wir auch fallen. Einbeinig zu gehen ist nicht möglich. Wenn dieses »Fallen« aber als etwas Negatives betrachtet wird, wird die Freude am Gehen gehemmt. **Gehen** im physischen, aber auch im geistigen Sinne benötigt den Mut zum Fallen, zum Loslassen. Gehen erfordert das Verlassen. Ich muss mich von meinem Standpunkt lösen.

Heute ist das Pilgern wieder in Mode gekommen. Was diese Menschen dabei suchen, ist so unterschiedlich, dass es sich kaum aufzählen lässt. Was sie aber gehend erfahren, was sich im Gehen löst oder fügt, was ausagiert wird, ist schon Wahrheit genug. Der Tiefenpsychologe Carl Gustav Jung (1875–1961) soll geraten haben: »Wenn nichts mehr geht, dann geh!« Und tatsächlich bewirkt die körperliche Bewegung etwas im ganzen Wesen, weil ja das Ganze bewegt wird.

Das Gehen ist der Vorgang ins Neue. Peter Handke spricht davon: »Gehen ist (soll, kann sein): Ich gehe wissen.«

Wir sagen aber auch: Ich gehe spielen oder schlafen, ich gehe essen oder arbeiten. Scheinbar ist alles Tun und Lassen der Bewegung des Gehens, Schritt für Schritt, eng verwandt.

Dass Seele Körper ist, zeigt sich bereits am Gang eines Menschen. Etwas von seinem Wesen kommt ans Licht. Und umgekehrt lässt sich in der Übung des Gehens die Bewegungsart formen, korrigieren, akzentuieren. Ich kann mir eine Gangart aneignen, ich kann mich auf einen neuen Gang einlassen. Ich muss in der Partnerschaft lernen, mit jemandem zu gehen. Diese geistig-seelische Aufgabe und Fähigkeit ließe sich schon am physischen Vorgang ablesen, nachprüfen, einüben.

Schließlich lebt der Gang, obwohl er ständige Bewegung ist, vom Verweilen, von der Präsenz in der Gegenwart, im Hier und im Jetzt. Die einen rennen durchs Leben. Wer, was ist wohl hinter ihnen her? Die anderen können nicht schnell genug dort sein, wo sie noch nicht sind – und sind daher meistens nirgends. Im Gehen übt sich fast alles, worauf es ankommt: ständig im Hier und Jetzt verweilen, aber trotzdem im Fluss bleiben. Wir haben es mit einer nicht aufzulösenden Gegensätzlichkeit zu tun. Würden wir sie auflösen wollen, zerstörten wir die Ganzheit des wachen Gehens. Im Gehen ist unsere Heimat, wer das nicht lernt, tut sich schwer mit dem Leben.

Unser Körper weist mehrfach doppelt vorhandene Organe auf. So haben wir zwei Augen zum Sehen, zwei Ohren zum Hören, zwei Nasenlöcher zum Atmen und Riechen. Mit zwei Lungenflügeln schöpfen wir Luft, mit Hilfe zweier Herzkammern bewegt sich der Kreislauf, zwei Nieren entgiften. Zwei Hände (be)greifen, mit zwei Armen bewegen, mit zwei Beinen gehen wir, auf zwei Füßen stehen wir. Und schließlich sind wir Mann oder Frau.

Die **Zweiheit** erscheint als ein Gesetz unseres Baues. Bei der einfachen Befragung nach dem Grund dieses Phänomens lautet die Antwort: um der Dualität gewachsen zu sein.

Da wir im Raum leben, kann alles mindestens von zwei Seiten her erfasst werden. Erst beide Sichtweisen – und oft bedarf es noch Dutzend anderer – ergeben die ganze Wahrheit. Wir leben ja auch nicht nur, indem wir einatmen, wir müssen auch ausatmen, wir essen und müssen auch ausscheiden und so weiter.

Dass es Zweifaches in fast allem braucht, hat eine tiefe Bedeutung. Nichts, rein gar nichts kann als alleine, kann nur für sich bestehen. Alles hat sein Gegenüber. Daher gibt es auch nicht nur eine Wahrheit. Die ganze Wahrheit hat mindestens zwei Seiten, die unserer Kombinationskraft braucht. Es braucht die fortwährende Beziehungsfähigkeit des einen auf das andere. Je leichter der *pas de deux* vonstatten geht, desto lebendiger ist er; je blockierter das Miteinander, desto lebensfremder oder gar -unfähiger wird es.

Wer dieses Körperkonstitutivum einmal verinnerlicht hat, wird eine neue Lebendigkeit finden, eine

Freude am Du, am anderen, am Austausch, am Miteinander, am Gegensatz. Alles ist für etwas anderes da, so auch jeder Mensch. Mein Ich wächst am Du, nur im Gespräch ertasten wir Wahrheit, nur als aufeinander Bezogene leben wir. Wesen des Übergangs, vom einen zum anderen. Solche Körperwahrheit zu leben ist unumgängliche Aufgabe des Menschseins.

»Aller guten Dinge sind drei«, behauptet das Sprichwort. Vor allem ist es die **Dreiheit** von Oben, Unten und Mitte, welche in allen Kulturen eine ähnliche Wertung und Wertschätzung erfährt.

Dem Oben ordnen wir Geist, Licht, Vernunft und Verstand zu. Oben ist das Himmlische, die Geistes- und Gotteswelt. Es ist auf den Körper bezogen der Kopfbereich.

Mit dem Gegensatz, dem Unten, verbinden wir unserem Empfinden nach Erde, Wurzeln, Grund, Herkunft, Vitalität, Sexualität, aber auch Last, Schwere, Dunkles, Unbewusstes. Die damit korrespondierenden Körperzonen sind der Unterleib, der Schoß, die Beine und Füße. Tatsächlich haben diese Qualitäten hier ein besonderes Pendant. Eine Verdrängung dieser Regionen unterbricht den Kraftstrom, der daraus fließen könnte. Das Leben bleibt abgeschnitten.

Die Mitte, welche unser Rumpf beschreibt, ist die Region des Übergangs. Hier finden in den verschiedensten Organen der Stoffwechsel und der Sauerstoffaustausch statt. Hier werden wir emotional bewegt.

Wie diese drei Bereiche ineinander übergehen und zusammenspielen, ist für das Lebensgefühl entscheidend. Es bedarf aber meistens eines jahrelangen Reifungsprozesses, bis der Mensch sich derart ausgewogen empfindet. Durch Veranlagung, Erziehung und vielseitige Prägung gewichtigen wir zunächst unterschiedlich. Dies wird dann über Jahre gelebt und für gut empfunden. Erst um die Lebensmitte drängt das andere unüberhörbar zum Ausdruck, zur Annahme. Jetzt will das andere im Leben zugelassen und in irgendeiner Weise leibhaftig empfunden sein.

Wo immer ein Mensch sich diesem Curriculum des Leibes unterwirft, wird er auch folgerichtig geführt, reift er. Am Ende steht dann ein Mensch, der keiner einseitigen Belobigung oder Verteufelung mehr bedarf. Er weiß, dass er alles ist, alles sein darf und soll, dass das Leben sich in dieser Dreiheit ausdrückt.

Jetzt sind wir dort angekommen, wo uns der **ganze Körper** einlädt, seinem Weg betrachtend zu folgen. Alles, was über einzelne Bereiche gesagt wird, muss stets mit allem anderen im lebendigen Zusammenhang bleiben. So lässt sich die Eigenart eines Menschen nie aufgrund weniger oder gar eines einzigen Merkmals bestimmen. Nur der Erfahrene kann sich aus der Vielzahl der Teile ein Bild machen, das aus Ehrfurcht jedoch nur als eine Art Tangente verstanden werden darf.

Dennoch ist es hilfreich, sich einmal in Etappen selbst zu »bewandern«, in Einzelbetrachtungen den Körper verstehen zu lernen als ureigenstes Organ des eigenen Lebens.

Der **Kopf** ist nicht nur das Steuerzentrum aller Lebensvollzüge, er ist zugleich jener Körperteil, mit dem wir uns ganz selbstverständlich identifizieren. Unser Gesicht, das sind wir. Es ist einmalig. Man kann in Gesichtern die Geschichte eines Menschen lesen. Das Gesicht verrät meinen derzeitigen Zustand. Im übertragenen Sinne haben wir »Ansehen« oder das »Gesicht verloren«. Da wir uns vor allem vom Kopf her präsentieren, erfährt dieser Körperteil auch eine besondere Pflege. Weder der Haarschnitt noch die Barttracht noch das Make-up oder anderer Gesichtsschmuck sind zufällig. Wir zeigen uns damit und bringen uns selbst zum Ausdruck.

Wir erzählen anderen und uns selbst, wer wir sind, so auch durch die Gesamtform unseres Kopfes. Da gibt es sehr breitförmige Köpfe und sehr schmal wirkende. Köpfe, die ganz Gesicht sind, Häupter, die einen ausgeprägten Hinterkopf haben.

Unsere Erfahrung knüpft an unterschiedliche Bilder und Interpretationen an. Es wird wichtig sein, diese spontan getroffenen Urteile zu überprüfen und durch Begegnung zu korrigieren und zu erweitern.

Die Physiognomie des Gesichtes weist ebenfalls eine Dreiheit auf. So wirkt die Betonung des oberen Bereichs beispielsweise ganz anders als ein markantes Kinn. Auch darin kann sich die Grundausrichtung eines Menschen manifestieren.

Die **Stirn** ist so etwas wie die unsichtbare Grubenlampe. »Heitere« Stirnen signalisieren Offenheit, Zuwendung oder Freude. »Verfinsterte« Stirnen sehen wir bei Gestressten oder Verärgerten. Jeder weiß, wie eine liebe Hand, welche die Stirn glättet, tröstet und liebkost, einen in eine andere Stimmung bringt.

Diese Liebestat kann man auch sich selbst nicht oft genug gönnen.

Unsere **Nase** ragt als Geruchsorgan hervor. An ihr kann sich zeigen, wie jemand auf das Leben zugeht. Wir sprechen von »Nase hoch tragen« oder von »Triefnasen«, von »verschnupft sein«. »Die Nase in alles und jedes hineinstecken«, meint Neugierde und Interesse. Oder jemand hat »die Nase voll«. Er will nichts mehr von außen in sich aufnehmen. Mit dem Geruchssinn ist in bevorzugter Weise auch unser Körpergedächtnis verbunden. Sich an Gerüche zu erinnern, Gerüche wiederzufinden, in Gerüchen eine längst vergangene Welt wieder zu erleben ist ein bekanntes Phänomen. »Ich kann etwas, jemanden riechen« – oder eben nicht. Bei jeder Kontaktaufnahme spielt dieser Sinn eine wichtige Rolle.

Gesichtssinn und Gehör sind es vor allem, mit denen wir uns durch die Welt bewegen. Deshalb will ich diese beiden Fenster unseres Wesens eigens betrachten.

Mein **Auge** bestimmt mich weitgehend. Wohin mein Auge schaut, dorthin wird mein ganzes Wesen angezogen. Unser Auge sieht nicht nur, es entscheidet auch. Denn was ich sehe, ist oftmals bereits eine Mischung aus objektivem Tatbestand und subjektiver Bewertung. Einfachstes Beispiel hierfür ist jene halbe Flasche Wein, die dem einen halb leer, dem anderen aber noch halb voll erscheint.

Mit unserem Blick schaffen wir uns die Umwelt. Wie man etwas anschaut, zu dem wird es. Deshalb ist die Art und Weise des Blickes so lebensbestimmend.

Antoine de Saint-Exupérys (1900–1944) Wort, »Man sieht nur mit dem Herzen gut«, ist zwar schon sehr abgegriffen, bleibt aber dennoch wahr.

Auch das Selbstwertgefühl eines Menschen hängt mit seinem Auge zusammen. Noch immer meinen wir: Wenn wir nicht hinsehen, würden wir auch nicht gesehen. Objektiv stimmt das natürlich nicht. Subjektiv aber ist es sehr wohl so. Menschen, die mich nicht anblicken, werden weniger oder gar nicht von mir wahrgenommen. Menschen, die nicht gesehen werden wollen, werden oft übersehen. Will aber jemand gesehen werden, schaut er mich an, sucht er mich, bis ich ihn auch anschaue.

So kommt er in den Blick. Erst muss man sich selbst ein Ansehen geben, sich für ansehnlich halten, um sich zu zeigen. Wer sich nicht zeigt, braucht sich auch nicht zu wundern, wenn er nicht gesehen wird. Die Präsenz meines Blickes schafft vielfältig meine eigene Präsenz für andere. In diesem Sinne ist jeder auch seines Glückes Schmied.

Die Bibel spricht davon, dass ein lichtes Wesen das Auge licht, ein getrübtes Wesen aber trübt. Und umgekehrt: Ein lichter Blick macht gänzlich hell, ein böser mich und meine Mitwelt dunkel.

Unser **Gehör** ist älter als der Gesichtssinn. Vor dem Öffnen der Augen haben wir im Mutterleib schon gehört. Erfahrene sagen, dass sterbende Menschen bis zuletzt den Gehörsinn offen haben. Eigentlich können wir, sobald das Organ ausgebildet ist, nicht mehr aufhören zu hören. Die Augen lassen sich schließen, das Ohr nicht.

Liebende haben über das Auge viel Freude aneinander. Über das Gehör öffnen sie sich gegenseitig noch mehr, sie gehören ja einander: Die Vertrautheit deiner Stimme macht dich ganz und gar anwesend bei mir.

Musik ist scheinbar die immateriellste der Künste. Durch den Klang dringen die Töne aber ganz physisch in uns ein. Hörend vibriert der Rhythmus in uns, schwingt der Ton, bewegt die Melodie. Sie bewegt sogar derart stark, dass sie den Körper zum Tanzen bringt. Die Musik weckt jene Bewegungen, die wir zuinnerst wahrnehmen, unsere Emotionen. Der Alltag hat uns längst gelehrt, dass der Ton die Musik macht. Die Art und Weise, eben der »Ton«, in dem uns etwas gesagt wird, etwas an uns herantritt, prägt den Vorgang: eröffnen oder verschließen.

Ist vom Gehör die Rede, muss auch zur Stille etwas gesagt werden. Die Stille ist die einzige Art und Weise, um dem Gehör eine Erholung zu gönnen. In der Stille gehört der Mensch sich selbst noch mehr. Sie schafft einen Binnenraum beziehungsweise eröffnet diesem einen ganz neuen Kosmos. Die Stille lässt Inneres zu Gehör kommen. Sie eröffnet das, was einen selbst im Inneren anrührt. In der Stille bemerken wir die »Eigenmelodie«. Diese kann aber zunächst Lärm und Unruhe sein. Bleibe ich aber in der Stille, ergeht es dem Trüben wie im Wasserglas, es wird sich sammeln und setzen, das Wasser wird klar. Eine solche Portion Stille braucht es immer wieder, wenn ich mir selbst gehören möchte, wenn ich mich nicht verlieren will. Was der Schlaf für die Augen ist, das ist die Stille für das Gehör.

Der **Mund** ist das elementarste Beziehungsorgan. Durch ihn nehmen wir Nahrung auf, durch ihn kann die Atmung strömen, aus ihm heraus kommen die Worte.

Nahrung ist immer Beziehung. Als Kleinkind erfuhren wir das beim Gestilltwerden durch die Mutter. Liebe geht durch den Magen – und das empfindet nicht nur das Kind.

Kommen die **Zähne**, erwirbt das Kind die Fähigkeit, sich selbst Nahrung mundgerecht zu machen. Mit den Zähnen sch(n)eiden und zerteilen wir. Ohne Zähne muss mir die Nahrung Brei sein, und ohne Zähne wären meine Worte auch »Brei«. Die Zähne sind Organe des Sch(n)eidens, des Artikulierens, Organe des Ich-Bewusstseins. Wir sprechen auch davon, dass man zuweilen »Zähne zeigen« müsste, und meinen damit eine gesunde Abgrenzungs- und Aggressionskraft.

Wir können mit den Zähnen aber auch uns selbst schaden. Menschen, die große Probleme haben, knirschen nachts häufig mit den Zähnen. Zahnprofile erzählen davon.

Aus unserem Mund kommen Worte, erklingt Gesang. Mit Kehlkopf, Stimmbändern und Artikulation formen wir Worte: unsere Art zu sprechen. Und diese ist eine ureigene. Die Muttersprache prägt uns ein Leben lang. Die Stimme drückt unsere Stimmung aus und ob es in uns stimmig ist.

»Ich hab' dich zum Fressen gern«, ist eine sinnige Redensart. Tatsächlich empfinden wir Lieben als nahrhaft. Liebe sättigt einen. Kummerspeck ist nur ein schwacher Trost. Und dass ich mich aussprechen darf, hilft mir selbst, mich zu verstehen. Ohne von sich selbst zu erzählen, in der Antwort gleichsam gespiegelt zu werden, gehen wir verloren. Was für ein Unsinn, jemandem den Mund zu verbieten! Dieser könnte letzten Endes sogar daran sterben!

Lateinisch lautet das Wort für »beten« *orare*. Wörtlich übersetzt könnte man es als »mündeln« bezeichnen. Gott als Nahrung, mit Gott reden, Gott lieben. Küssen ist ein Ausdruck dessen.

Schließlich gilt das Singen als besondere Form menschlicher Äußerung. Aus voller Kehle strömt die Melodie unverstellt und frei. Im Singen wird alles zum Schwingen gebracht, auf eine andere Ebene gehoben. Singen gelingt nur, wenn ich aus mir selbst herausgehen will. Aber Singen ist auch das Einüben eines solchen Übergangs und ein Erproben der Befreiung. Augustinus spricht daher davon, nicht nur bei Freude zu singen, sondern auch »bis die Freude kommt«.

Da der Mund eine so entscheidende Rolle spielt, ist er zugleich ein wichtiges Organ unserer Selbsterziehung.

Die lange Liste von Redewendungen, welche auf den **Hals** anspielen, verrät, wie viel wir mit diesem Körperteil empfinden. »Ich hab' mir zu viel auf den Hals geladen.« – »Es hängt mir zum Hals heraus.« – »Mir platzt der Kragen.« – »Er hat einen dicken Hals.« »Ein Wendehals« und so weiter. Tatsächlich ist diese enge Stelle zwischen Rumpf und Kopf hochsensibel.

Alle Nervenstränge passieren sie, jegliches Bewegen resoniert im Hals.

So versteht es sich auch, dass eine Liebkosung des Halses in den ganzen Körper ausstrahlt. Der Hals ist ein vorzügliches Liebesorgan. Sich in der Halsregion zu pflegen, zu wärmen, lieb zu haben ist ein Geschenk für den ganzen übrigen Leib. Wie sich auch eine Überlastung, eine Verkrampfung oder Verdruss psychosomatisch im Hals- und Kehlkopfbereich gerne niederschlägt.

Da der Hals eine Stelle des Übergangs ist, kann er zu einem Bereich von Blockaden und Verspannungen werden. An ihm kommt die Seele besonders deutlich zum Ausdruck; wird er berührt, wird Inneres stark angesprochen.

Fühlt sich die Hals- und Nackenregion frei an, kann die Lebenskraft fließen. Das Gegenteil wäre ein Leben mit steifem Genick. Erhobenen Hauptes zu gehen, zu stehen und zu sprechen lässt den Menschen strahlen. Mit hängendem Kopf durchs Leben zu schleichen signalisiert eine Lähmung des ganzen Wesens.

Weil der Hals so grundlegend den ganzen Menschen widerspiegelt, tragen wir an ihm auch Schmuck verschiedenster Art. Hier ist die Verzierung an rechter Stelle und unterstreicht die Schönheit und Freiheit zusätzlich.

Werden wir aber bedroht, geht es uns an den Kragen, versteht es sich von selbst, dass einem die Angst im Halse stecken bleibt. Sie kann sich noch lange Zeit nach einer Bedrohung dort festsetzen. Jetzt wären eine liebevolle Lockerung und Befreiung vonnöten.

Die wache Wahrnehmung meiner Halsbefindlichkeit, das heilsame Üben mit ihr vermögen zur Quelle und Unterstützung eines guten Lebensgefühls zu werden, genauso wie deren Vernachlässigung das Gegenteil bewirkt.

Will ich meine Meinung durchsetzen oder etwas ganz Persönliches äußern, dann klopfe oder deute ich auf meine **Brust**: »Ich bin der Meinung« oder »Mit mir aber nicht« oder »Ich auch!«. Unsere Brust ist der Bereich des Ichs. Wir sprechen davon, dass jemand sich besonders in die Brust wirft. Wir beklagen aber auch, wenn jemand schwach auf der Brust ist. Im Brustton der Überzeugung werden windige Bekenntnisse abgelegt.

Die Brust hebt sich beim Einatem, macht mich ein wenig fülliger, lässt mich breiter, größer erscheinen. Beim Ausatmen, beim Loslassen und beim Liegen darf sie sich senken.

Es gibt Menschen, denen ein solches Lassen kaum gelingt, weil sie stets überspannt sind. Hier täte, sooft einem die eigene Fehlhaltung bewusst wird, eine Lockerungsübung gut. Andere befinden sich in einem Zustand ständiger Unterspannung. Ihnen täte es gut, sich mehr »in die Brust zu werfen«, größer, stärker, präsenter aufzutreten.

Unser Ichgefühl manifestiert sich deutlich im Körperbereich der Brust. Da kann uns etwas auf der Brust liegen. Und wie tröstlich ist es, jemandem an der Brust zu liegen, gehalten zu werden.

Im Brustbereich schmücken sich die Menschen mit Anhängern, mit Krawatten, mit Orden oder mit einer schönen Bluse. Man fühlt sich damit automatisch wertvoller und schöner. Die Mode weiß darum.

Somit ist dieser Bereich des Leibes der Bereich der Eigenliebe, die auch ihren Platz haben darf. Sich warm zu halten, sich's um die Brust herum weich zu machen sind ganz ursprüngliche Gesten.

Mit unserer Brust gestalten wir den Rückzug und das Bei-uns-selbst-Sein. Mit unserer Brust gehen wir aber auch auf andere zu und umarmen diese.

Lasse ich mir etwas zu Herzen gehen, bewegt es meine Brust, weitet oder bedrückt es diese. Hier ist ein Ort regen Austausches, wie es das Gedicht von Barwasser auf den Punkt bringt:

Lebenshilfe

komm
an meine brust
wein dich aus

wenn du
fertig bist

tauschen wir
die plätze.

Als **Bauch** bezeichne ich hier die ganze Region der Leibmitte. Alle Organe, welche für die Nahrung und deren Umwandlung verantwortlich sind, umfasst er. Einen Bauch zu haben, den Bauch zu zeigen widerspricht dem gängigen westlichen Schönheitsideal ganz und gar. Der Bauch wird versteckt, soll möglichst überhaupt nicht ins Gewicht fallen.

Der Bauch ist aber von Gewicht. Im weiblichen Körper birgt er gar die Gebärmutter, in der neues Leben heranwachsen kann. Für die Alten lag das entscheidende Empfindungsorgan in den »viscera«, im Bauch. Mit dem Bauch empfinden, mit dem Bauch denken, mit dem Bauch entscheiden, ist inzwischen wieder verständlicher geworden. Im Bauch merken wir für gewöhnlich psychosomatische Zusammenhänge am deutlichsten. »Es schlägt einem etwas auf den Magen.« »Etwas bereitet einem Bauchweh.« Wir haben ein »ungutes Magengefühl« oder »ein gutes Gefühl im Magen«.

Der Osten hat dieser Leibregion schon immer verstärktes Augenmerk geschenkt. Im Unterbauch befindet sich jene Stelle, von welcher alle Bewegungen und Kraftströme für den asiatischen Menschen ihren Ausgang nehmen. Der Japaner nennt den Punkt »Hara«, die Erdmitte des Menschen. Meditative Übungen sollen diese Region besonders bewusst machen. Im Westen wusste man bis ins Mittelalter hinein ebenfalls von solchen Zusammenhängen. Der romanische Pantokrator (der thronende Christus) und die gotische Madonna betonen den Bauch deutlich.

Sich im Bauchraum Freiheit zu gönnen, wirkt sich stark auf das Wohlgefühl aus. Beim militärischen »Stillgestanden« dreht sich die gesamte Gewichtung des Leibes um. Der Schwerpunkt liegt im Brust- und Schulterbereich. Die Pyramide steht Kopf, sie ist labil geworden. Der gesunde Mensch aber trägt die Pyramide des Leibes organisch mit dem Schwerpunkt unten. Schwangere Frauen berichten von einem vitalen und stimmigen Leibgefühl beim Stehen, Sitzen und Gehen, hervorgerufen durch die Gewichtung des Leibes in der Mitte.

Viele Meditationsübungen widmen sich dem zentralen Bereich der Bauch- und Beckenregion. In der Leibmitte ruht der Mensch, von dort aus agiert er.

Eng mit dem Bauch verbunden ist der **Schoß**, die Zone des Geschlechtes. Sind Mann und Frau von der äußeren Leibgestalt her zunächst recht ähnlich, unterscheiden sie sich doch stark aufgrund ihrer Geschlechtsorgane.

Der Mann »steht heraus«, die Frau ist zum Empfangen und Hereinlassen geformt. Das sind zwei grundlegend verschiedene Basisbefindlichkeiten, die dem, der sie meditiert, Wichtiges erschließen. Unsere Geschlechtsorgane sind natürlich primär zur Fortpflanzung bestimmt. Sie sind aber auch Beziehungsorgane. Wenn im Bereich der Sexualität die Betonung auf dem körperlichen Akt liegt, geschieht eine folgenschwere Verkürzung. Gerade hier kommt der seelischen Qualität der Beziehung eine große Bedeutung zu. Die Geschlechtsorgane sind Liebesorgane. Sie sind es auch für Menschen unterschiedlichster Veranlagung. Homosexuelle Liebe ist keine »andere Liebe«, sie ist ebenso Liebe, seelische und unter Umständen körperliche Liebe, wie jede andere auch. Übt ein Mensch aus einem religiösen Antrieb heraus geschlechtliche Enthaltsamkeit, dann betont diese gerade in der Erfahrung des Verzichtes die Sehnsucht nach Beziehung, nach einer mystischen Beziehung. Das ist eine religiöse Askesepraktik, die sich in allen großen Weltreligionen einer langen Tradition erfreut und zum Teil großes Ansehen genießt.

Mit unseren **Beinen** und **Füßen** stehen wir, gehen wir. Sie sind jene Leibteile, mit denen wir Bodenhaftung haben, Stehvermögen. Ebenso sind sie aber auch die Gliedmaße unseres Gehens, Springens und Laufens. Es wird also auf eine größtmögliche Flexibilität dieser Körperteile ankommen. Dann kann eine Verwurzelung, kann aber zugleich ein entspanntes Gehen oder kraftvolles Springen gelingen.

Verspannungen im Beinbereich hindern uns daran, dem Boden unser Gewicht anzuvertrauen. Der Mensch trägt zu viel an sich selbst. Sein empfundener Schwerpunkt liegt zu hoch, vielleicht im Brustbereich oder gar im Schulterkreuz beziehungsweise im Kopf. Dieser zu weit nach oben verlagerte Schwerpunkt zeitigt einen labilen Stand.

Spannungslosigkeit in den Beinen aber lässt einen versacken, macht schwer. Solche Menschen kleben fast am Boden, lassen ihre Füße müde schleifen, wirken belastet. Das Gegenmittel wäre ein gespanntes und aufrechtes Gehen.

Am Gang zu üben ist eine Übung für den ganzen Menschen. Unsere Bewegungsweise ist auch eine innere Bewegungsart. Diese ist aber nicht schicksalhaft gegeben, sie ist geworden, sie steht in meiner Verantwortung.

Ärzte und Masseure wissen auch darum, wie stark sich unser ganzer Leib in den Fußsohlen widerspiegelt. Von hier aus werden alle Nervenbereiche angesprochen. Dem Fuß das rechte Schuhwerk zu geben ist eine Frage der Gesundheit für den ganzen Menschen. Vor allem aber braucht es genügend Bewegung. Durch häufiges Bewegen der Füße sprechen wir viele andere Leibbereiche an. Mit den Fußsohlen Bodenkontakt zu haben und damit verwurzelt zu sein, will auch beim Sitzen geübt sein. »Wache« Füße erzeugen einen wachen Geist. »Eingeschlafene«, kalte Füße sind ein Zeichen dafür, dass im Körper etwas durcheinandergeraten ist. Als ein Zeichen von Gesundheit gilt, was die alte Bauernregel besagt: »Kopf kalt, Füß warm, machen jeden Doktor arm.«

Unsere **Schultern**, **Arme** und **Hände** ermöglichen die Beweglichkeit im oberen Bereich des Körpers. Von der Art und Weise, wie der »Schulterquerbalken« von der Wirbelsäule getragen wird, hängt auch unser Lebensgefühl ab. Die Schultern brauchen wir nicht zu halten oder zu heben. Sie sind hineingehängt in das Skelett und werden getragen. Dieses Getragensein muss aber zugelassen werden. Angst und Schrecken heben die Schultern. Die Muskulatur verspannt sich. Sie kann sich sogar zu einer Dauerhaltung verhärten.

Das körperlich-seelische Exerzitium für den Schultergürtel muss eigentlich ein Leben lang gemacht werden, weil uns immer wieder gerade hier etwas in den Leib fährt.

Mit den Armen haben wir einen großen Bewegungsradius. Dieser möchte auch ausgenützt werden. Aber es gibt Menschen, die ihre Arme schon seit langem weder hoch noch weit ausgestreckt haben. Diese

Vorgänge betreffen auch den Atem und den Herz-Brust-Bereich.

Einen wesentlichen seelischen Vorgang nennen wir »umarmen«. Das meint aber nicht nur die Gebärde des Grußes oder der Liebe, es ist in einem weiteren Sinn eine Haltung, die sich allem gegenüber äußern kann. Doch dazu bedarf es der Freiheit in den Armen. Die Arme sind jener Körperbereich, mit dem wir Freiheit ins Gefühl bringen, Freiheit erfahren: von den Schultern werfen, in die Luft werfen, von mir schmeißen, was immer es auch sein mag.

Ärmelfreie Kleidung oder gar schulterfrei steht in der Mode für selbstbewussten Charme. Ich kann mich zeigen. Männer zeigen gerne ihre Muskeln und damit ihre Kraft. Reden wir vom »langen Arm« eines Herrschers, meinen wir seine Macht und seinen Einfluss.

Die **Hand** ist derart entscheidend für den Menschen, dass wir im Deutschen geradezu alles Geschehen mit »Handeln« bezeichnen. Wir »handhaben« Dinge, Vorgänge, Lebensüberzeugungen. Wir »handeln« wirtschaftlich, »handeln« gut oder schlecht, fragen, um was es sich »handelt«.

Die Hand ist ein unermessliches Bewegungsinstrument, vielleicht nur noch vergleichbar mit der Vielseitigkeit unserer Sprechorgane. Vom einfachen Griff bis zum virtuosen Geigenspiel spannt sich die Kunst der Hand. In unserer Handschrift zeichnen wir die ureigenste Bewegungsart auf kleinstem Raum. Über die »Hand« sind viele Bücher geschrieben worden, die Hand ist physisches und psychisches Organ ersten Ranges. Es geht so weit, dass Erfahrene aus der Gestalt und Form der Hand den Charakter eines Menschen ablesen und andere sogar die Zukunft vorhersagen.

An den Händen lässt sich das Leben ablesen: Arbeitshände, Schreibhände, geschundene Hände, vernachlässigte Hände, verstümmelte Hände. Jemanden seiner Hände zu berauben bedeutet fast so viel, wie ihn zu töten. Das Fesseln ist eine Vorstufe dazu.

Weil sich der Mensch so stark mit seinen Händen ausdrückt, kennen die Kulturen die Hand als Organ des Grüßens, des Redens und auch des Betens.

In der Geschichte des Mönchtums begannen Reformen immer wieder mit einem Zurück zur Handarbeit. Warum wohl? Zwischen Arbeit an sich und Handarbeit ist nochmals ein Unterschied. Die Handarbeit verlangt den ganzen Körpereinsatz, sie lässt den Schweiß rinnen, hier hat einer Hand angelegt. Die Dinge, mit denen wir handeln, verlangen von uns gehorsame Hände, damit etwas materialgerecht geschieht. Über das Handarbeiten wird der Mensch durch und durch selbst bearbeitet. Solcherlei Tun wäre in der Erziehung der Jugend und in der Bildung Erwachsener heute ein wertvolles Therapeutikum.

Und schließlich ist die Hand ein bevorzugtes Erkennungsorgan. Indem man anfasst, damit umgeht, formt, berührt und berührt wird, geschieht Verstehen und »Begreifen«. Auch das sei der puritanisch-digital-intellektuell gewordenen Moderne ins Stammbuch geschrieben. Die Weisheit der Hände geht allenthalben verloren.

Zum Schluss werfen wir noch einen Blick auf die **Vorder- und Rückseite** des Körpers. In der Regel identifizieren sich Menschen gänzlich mit ihrer Frontseite. Hier tragen sie Schmuck und Krawatte, hier richten sie sich schön her. Das Problem ist dabei die Vernachlässigung des Rückens. Durch unser Rückgrat verlaufen alle Nervenbahnen. Hat der Mensch seinen Rücken mit Vergessen gepanzert, will er nicht hinschauen, was hinter ihm und an ihm ist, so geschieht Verdrängung. Verdrängung kostet aber viel Kraft. Mancherlei Rückenprobleme haben hierin ihre Ursache.

Sich des Rückens bewusst zu sein, ist beim Auftreten, beim Sprechen, beim Begegnen wichtig, möchte ich als kraftvoll und präsent wahrgenommen werden. Den Rücken frei zu haben meint, unbelastet zu sein, frei agieren zu können.

Schließlich legen wir beim Schlafen den Rücken aufs Weiche, lassen uns im Rücken los und geben uns anheim. Graf Dürckheim sprach sogar davon, »den Rücken an die Goldwand legen«, das sei Gebet, sei Meditation, Religio, Rückbindung, Rückenentlastung, weil Ausruhen in Gott.

Der Rücken ist auch unsere Schattenseite. Wir sehen uns darin nicht. Hier lagert sich körperlich all das ab, was unbewusst oder ungelebt herumgetragen wird. Sich diesem zuzuwenden ist gedanklich oft nicht möglich. Wir können uns diesem aber in körperlicher Hinsicht zuwenden in einer liebevollen Pflege, im Berühren und Berührtwerden. Sich von hinten nicht minder schön zu finden – auch daran macht sich ein körperliches und seelisches Selbstwertgefühl fest.

2. Die Aufgabe der Formung

Die bisherige Betrachtung geschah unter der Prämisse: »Seele ist Körper«. In unterschiedlichsten Bezügen ist gezeigt worden, wie sehr unser Innerstes sich im Leib darstellt. Dabei ist natürlich klar, dass die Betrachtung gleichsam nur Tangenten an diese Wahrheit legen konnte. Letztere ist unendlich komplexer. Eigene Erfahrung und Beobachtung werden das Thema ein Leben lang anreichern, korrigieren und wieder neu verstehen lernen.

Mit dem Wort »lernen« ist aber Wichtiges gesagt. Wir sind nicht einfach Leib, Körper und Seele. Der Mensch ist keine Tulpenzwiebel, die einfach wächst, wenn die nötigsten Umweltbedingungen vorhanden sind. Der Mensch ist sich selbst zur Verwirklichung als Aufgabe gegeben. Er braucht Erziehung und Bildung. Ohne diese bleibt er seiner unbewusst, ist ungestaltet, geschichts- und damit kulturlos.

Das Konzil von Vienne (1311–1312) fasst unser Thema in den lapidaren Satz: »Anima forma corporis«, »die Seele ist die Form des Körpers«. Innerste Wesenheit, geistige Einmaligkeit, unmittelbare Lebendigkeit meines Wesens in Gott – so könnte man die »Seele« deuten.

Dieses nehme ich an mir wahr, begreife es als wahr, als persönlich-sinnlicher Körper, als Leib. Und doch ist es keine einfache Gleichsetzung, sie verwirklicht sich erst in den unterschiedlichen Graden meiner Reifung. Zwei vereinfachende Sichtweisen stehen ihr entgegen: die dualistische und die monistische Sicht.

Nach der dualistischen Sichtweise ist der Körper ein Feind des Seelisch-Geistigen. Er muss auf jeden Fall besiegt, unwirksam gemacht werden, und zwar zu Gunsten der spirituellen Gestalt. »Reiner Geist« sei das Ziel des Reifungsprozesses. Hier wird der Zusammenhang mit dem Menschlichen zerrissen, das ja gerade das Geist-im-Leib-Sein ist.

Die monistische Falle besteht darin, den Körper schon immer als geistig beziehungsweise als geistlich genug zu betrachten. Alles und jedes wird naturhaft schon als geistgehörig verstanden. Die Spannung, welche zwischen dem seelisch-geistigen/geistlichem Wesen und dem Körperhaften besteht, wird ausgelöscht. So bleibt aber auch die Dynamik der Formung und Reifung dem Naturhaften überlassen. Sie ist jedoch kein Schicksal, sie ist zu gestaltende Aufgabe. Die Formung des Leibes durch die Seele ist diese Aufgabe.

Da der Dialog zwischen Seele und Körper – wie wir gesehen haben – unaufhörlich im Gange ist, da das eine mit dem anderen in Wechselwirkung steht, haben wir in unserem Leib ein wunderbares Feld für die geistig-geistliche Arbeit. Dürckheim spricht davon, dass das überzeitliche Wesen des Menschen durch seine zeitliche Gestalt hindurchscheinen soll. Das ist der ganze Sinn spirituellen Reifens. Diese Erkenntnis fasste er in die Formel: »Transparenz für Transzendenz«.

Jetzt ist ein Übungsweg eröffnet. Im leibhaftigen Tun, in der Achtsamkeit oder Korrektur, im Bewusstwerden, im Loslassen oder Anspannen, im Bewegen oder in der Stille geschehen Gestaltungsvorgänge.

Leibhaftig betritt die Seele die unterschiedlichsten Räume.

Angereichert mit der seelischen Erfahrung geht der Übende als ein anderer, Wissender, Erkennender, Demütiger in die Alltagswelt. So geschieht der Weg der Übung und endet erst mit dem Tod, der ein Übergang ist. Das wirft auch ein Licht auf jene Grenzsituation, die wir leichthin »sinnloses Leiden« nennen, weil wir den Weg zur Reife nicht mehr kennen.

Noch ein anderer Irrtum soll hier angesprochen werden. Manchmal reden wir über Krankheiten anderer verächtlich, indem wir diese als»psychosomatisch« etikettieren. Wie gut, dass es psychosomatisch ist! Innere »Unordnung«, innere »Spannungen«, Erkrankungen sind im Körper oft leichter auszuagieren als im seelischen Bereich. Die körperlichen Symptome haben eher etwas Therapeutisches, da mit ihnen handelnd umgegangen werden kann. Oft zeigen sie sogar die Richtung des heilenden »Aggere contra« an. Der Körper bringt keine unsinnigen Symptome hervor. Vielmehr machen die Symptome auf eine sinnliche Art und Weise einen Zusammenhang deutlich, führen uns auf die richtige Spur.

Wenn einmal dem Menschen aufgegangen ist, wie sehr sein Leib die Aufgabe der seelischen Arbeit ist, hat er einen Freund gefunden: seinen Körper. Dieser Freund lügt nicht, er ist immer bei mir, er spiegelt mich ständig, er erlaubt mir stete Zuwendung und Arbeit an einem Reifungsprozess. Heutzutage, da sich immer mehr in virtuellen Räumen abspielt und uns die Berührung mit dem Realen verloren geht, ist es umso wichtiger, dass wir wieder Leib werden, Seele als Leib. Handarbeit, körperlicher Einsatz nehmen ab, sogar die Geschlechterbeziehungen finden zusehends virtuell statt, bis hin zum Cybersex. Gehen wir uns aber als körperlich wahrnehmbar und gestaltbar verloren, verlieren wir uns gänzlich. Deshalb tut eine Bewegung zurück zur Körpererfahrung Not.

Werfen wir hier noch einen Blick auf den Sport. Er ist überall präsent, er beschäftigt die Menschen, ob als Aktive und/oder als Zuschauer. Doch oftmals ist es gerade der Leistungssport, der krank macht, und zwar einerseits aufgrund einer Maßlosigkeit, andererseits aufgrund einer falschen seelischen Ausrichtung. Wenn die sportliche Leistung und Begabung dazu verwendet werden, das Ego noch mehr aufzublähen, zerstören sie. Die richtige Ausrichtung bestünde darin, durch die Übung des Leibes mehr »Transparenz für Transzendenz« zu schaffen. Was damit gemeint ist, zeigt sich wohl am unverfälschesten im Tanz. Dieser arbeitet, vor allem als Kunstform, unaufhörlich am Leib und dessen »Durchlichtung«, arbeitet daran, das Seelenhafte körperlich sichtbar zu machen. Solcher Tanz ist nicht etwas, das man einfach mal so machen und dann wieder sein lassen kann. Tänzer ist jemand ein Leben lang. Die geforderte Disziplin durchdringt alle Lebensbereiche. So mag er für das stehen, was Arbeit am Leib und als Leib meint, da die Seele Körper ist.

Von dem deutschen Theologen und Pietisten Friedrich Christoph Oetinger (1702–1782) stammt der Satz: »Leiblichkeit ist das Ende der Wege Gottes.« In der körperlichen Konkretheit sind wir angekommen, haben wir uns vollends zum Ich geformt. Dieser zu sich Gefundene unternimmt jetzt aus seiner Heimwehsehnsucht den Rückweg zu jener Herkunft, aus der er stammt. Religion gestaltet diesen Weg mit Inhalt und Form, mit Lehre, Ritus und Kult. Nicht anders als wiederum nur körperlich lässt sich das neue Ziel ansteuern. Im Feiern des Kultes, in Taten, die die Gesinnung glaubhaft machen, darin findet sich die geistig-geistliche Wirklichkeit. Ihre Übung ist der lebendige Mensch.

II. Körper als geistlicher Weg

1. Katholisch-sinnlich

Auf den ersten Blick mag die Überschrift verwundern. Bringen doch viele Menschen gerade mit dem Katholischen Leib- und Sinnenfeindlichkeit in Verbindung. Das kann aber nur bei oberflächlichem Hinsehen aufrechterhalten werden. Es ist ganz anders. Die katholische Tradition ist voll von sinnlichen Vorgängen, voller sinnfälliger Zeichen, eine üppige Welt für Auge und Ohr, für den Geruchs- und den Tastsinn. Katholisches Christentum ist größtenteils ein leibhaftiger Vorgang, eine körperliche Erfahrung, mit Essen und Trinken, mit Hand und Herz, ein sinnlicher Ritus. Dass dazu auch Fasten und Abstinenz, Enthaltsamkeit in unterschiedlichster Weise gehören, verleiblicht das Geistliche nochmals auf eine andere Art und Weise.

Das Verleiblichen stellt im Christentum eine wesentliche Bewegung dar: Gott wird Mensch, das Wort wird Fleisch und hat unter uns gewohnt.

Haptischer lässt sich von Gott nicht reden. Und das Endgericht des Messias Jesus lautet: »Was ihr einem dieser Geringsten getan habt, habt ihr mir

37

getan.« Krankenbesuch, Gefangenenbefreiung, Gastfreundschaft dem Bedürftigen und anderes mehr – das sind die Kriterien, an denen sich Religion verifiziert.

Katholisch-sinnlich meint also den Kult, der körperlich vollzogen wird, und auch die Ethik, welche an ihrer Konkretheit gemessen wird.

Dem Petrus wird gesagt: »Was du auf Erden lösen wirst, das soll auch im Himmel gelöst« oder »gebunden« sein. Nach katholischer Lesart hat Gott seine Zusagen ganz und gar kirchlich verleiblicht, ins Menschenkleid gefasst. So erhalten die Ämter und Aufgaben, die Strukturen eine gewichtige theologische Begründung. Kirchenverfassung ist auch eine geistliche Größe. Damit aber bekommt die ganze Kirchengeschichte theologische Bedeutung.

Ihr Gang durch Gnade und Sünde, durch Licht und Dunkel ist Geschichte, in der Gott gefunden oder verloren wird. Die gewachsenen Formen des Kirchlichen werden, in abgestufter Gewichtung zwar, als spiritueller Vorgang verstanden. Dieses organische Denken ist aber wohl eher noch ein Empfinden, ein Lebensgefühl.

Katholisches hat mit dem Sinn für Zusammenhänge und Analogien zu tun. So findet sich das Größte im Kleinsten und Äußerlichstes ist fähig, Innerlichstes zu meinen und darzustellen. Eines steht für das andere. Die Rede vom »Göttlichen im Menschlichen« durchzieht auch zahlreiche Gleichnisse, Bilder und liturgischen Vorgänge, wie die Segnung und das Tragen eines heiligen Zeichens.

So wird Heiliges anschaubar, begreiflich im buchstäblichen Sinne. Folglich war in früheren Zeiten alles vernetzt in einem Geflecht aus Glaube und Gebet.

Der deutsche Theologe und Religionsphilosoph Romano Guardini (1885–1968) beklagt 1923: »Man verlernt das ›Bilden‹, kann nur noch rubrizieren; man versteht nicht mehr zu schauen, zu hören, nur noch zu lernen. Es verschwindet, was auf solchem Können ruht: Bildhaftigkeit der Sprache; ausdrucksvolle Körperhaltung; formkräftige Kleidung und Wohnung; Umgangsweisen, Spiel und Reigen. Es verschwindet die Kunst als Deutung des Daseins und Verklärung des Lebens, als Schule des Schauens und der Weisheit. Es verschwindet mit einem Wort gesagt, lebendige ›Bildung‹, das Geformtsein der Körperlichkeit durch den Geist, und das Offenbartsein des Geistes im Körper.« Um wie viel aktueller klingt heute diese Klage.

Es ist wichtig, den Blick auf die katholische Sinnlichkeit zu lenken, weil darin auch lebendige Berührung geschieht: mit sich, miteinander und mit dem göttlichen Bereich. Alles ist immer in sein »Leibkleid« gefasst, heute jedoch durch die Scheinwelt des Virtuellen zusehends verdrängt worden. Guardini sagt: »Wir müssen lernen, als Mensch im religiösen Verhältnis zu stehen. Müssen lernen, auch mit unserem Leib zu beten. Wir müssen lernen, unser Inneres im Äußeren auszudrücken und aus Äußerem das Innere abzulesen. Wir müssen wieder symbolfähig werden.« Denn »im Leib übersetzt sich die Seele ins Körperliche, in ihr lebendiges ›Symbol‹«.

In umgekehrter Blickrichtung heißt das aber, sinnfällige Religion vergegenwärtigt uns auch für die

Gottesbeziehung. Indem der Gläubige sich ausdrückt in Kleidung und Ritus, in Brauchtum, Bildern und Musik, mit Fasten und Feiern, kommt die Seele zu »Wort«, bekommt sein Innerstes Leib. Da aber der Körper oftmals ein elementareres Gedächtnis hat als das Bewusstsein, gehen solche Vorgänge in Fleisch und Blut. Dann genügt eine uralte Melodie, um das Herz in die Innigkeit der Kindertage zu versetzen. Es reicht eine Prise Weihrauch, um jene Sammlung einzuatmen, die dem Menschen schon seit Jahrzehnten verloren gegangen war. Sinnliche Religion wird vertiefte Religion.

Eine geistig-geistliche Wirklichkeit, soll sie mich prägen, braucht die Einübung und Erfahrung im Leib. Katholische Sinnlichkeit schließt Übungsweg und Körperlichkeit mit ein. Sie steht aller einseitig verstandenen Vergeistigung und Sublimierung entgegen. Es geht um das Fleischwerden des Wortes, um einen nach dem Evangelium geformten Menschen. Religion hört auf, Privatsache zu sein. Religion ist Leib und Alltag, Ritus, Kultur, Kirche, Gemeinschaft: gemeinsam begangener Weg. Jetzt verstehen wir auch, wie sich im Laufe der Geschichte ein alle Bereiche einschließender katholischer Habitus entwickeln konnte. Soll etwas davon wieder lebendig werden, kann es nicht um Restauration von Traditionalismen gehen. Es geht allenfalls um das Wiederentdecken alter Werkzeuge, um die Seele im Leib, um eine Ausrichtung auf Gott hin, und zwar in greifbaren Vorgängen.

Es bedarf aber einer außerordentlichen Achtsamkeit, dass derlei den Charakter von Spiel, Werkzeug und Übung behält. Es ist kein Selbstzweck. Es ist körperliche Vorbereitung und Gestaltsuche. Wird der leibhaftige Vollzug der so genannten geistlichen Übungen zu etwas Heiligem selbst erklärt, bekommt er womöglich etwas Zwanghaftes. Dann zerstört er den Menschen, macht ihn beziehungsunfähig, auch mit Hinsicht auf Gott. Denn dem Zwanghaften wird das Agieren zum Selbstzweck, zur Absicherung, statt zu einem inneren Fluss und zur Verwandlung. In diesem Bereich wäre heute die Unterscheidung der Geister von höchster Wichtigkeit.

2. Alle Jahre wieder – das Kirchenjahr

Das Kirchenjahr ist ein Historiendrama, das aber nicht Geschichte meint, sondern Aktualität. Historisch ist das Nachspielen der Christusgeschichte: Geburt, Leiden und Tod, Ostern, Geistsendung und wieder zurück zur adventlichen Erwartung auf den kommenden Erlöser. Das Kirchenjahr hat eine innere geschichtliche Logik. Wesentlich dabei ist, dass diese Stationen im Leben Jesu als ein aktueller Vorgang, als ein jetzt wirksames Tun Gottes am Menschen verstanden werden. Aus diesem Blickwinkel heraus soll der folgende Durchgang vollzogen werden.

Als die alte Kirche danach suchte, wann und wie der Geburt Jesu gedacht werden solle – sie hatte ja kein Geburtsdatum –, legte sie das Fest auf den Tag des heidnisch-römischen Festes, des »sol invictus«, der unbesiegbaren Sonne. Am 25. Dezember, da die Nächte wieder kürzer und die Tage länger werden, ist auch der Tag des neuen Messias, des sol invictus. Nicht nur ein neuer Stern ging auf, wie in der Magiergeschichte bei Matthäus geschildert, sondern auch eine neue Sonne. Und wir feiern es alle Jahre wieder. Aber es gilt, was der schlesische Mystiker Angelus Silesius (1624–1677) in den knappen Satz fasst: »Wäre Jesus tausendmal in Bethlehem geboren und nicht in Dir, Du wärest ewiglich verloren.« Das heißt, dass jener Jesus-Geist in mir lebe, dass jene Jesus-Unmittelbarkeit zu Gott dem Vater in mir als Freiheit zu Gott aufstehe – darauf kommt es an. Die Gottesgeburt in jedem Menschen zur Verwandlung der Welt.

Ereignisse wie Abendmahl, Prozess, Tod und Grablegung Jesu sind historisch fassbar. In diesen Fällen entsprechen unsere Karwoche und das Osterfest zeitlich sehr wohl dem geschichtlichen Ereignis. Sie liegen vor allem parallel zum jüdischen Pessahfest, dem Fest, das die Befreiung aus ägyptischer Gefangenschaft feiert. Jesus selbst hat sich als neues und endgültiges Osterlamm verstanden. Er hat sein Leben in diesen Kontext gestellt und hingegeben und die älteste christliche Theologie hat durch Paulus das Jesusgeschehen in den Topoi des Pessahfestes gedeutet. Aber schon das jüdische Pessah ist kein Historienfest. Die »Pessah haggadah« – die Festlegende – versteht sich als Vergegenwärtigung: Jetzt ist wieder Auszug. Das alte Ereignis ist nur ein Bild für alles, aus dem jetzt Exodus geschehen soll. Und für den Christen ist der entscheidende Exodus die Auferweckung Jesu von den Toten. Er lebt, er ist vielen erschienen, er hat Paulus in die ganze damals bekannte Welt getrieben, er hat Unzähligen die Angst vor dem Tod genom-

men. Und jede Osternachtfeier begeht dieses Jetzt der
Auferstehung und seine Wirkung für das reale Leben.
Was das meint, spricht das folgende Gedicht an:

Ostern musst du täglich suchen

Nacht war gewesen
schwanger von Dunkelträumen
quallenartige oder als
Heuschreckensturm.
Du erwachst und bist ratlos
unter der Decke
der Seelennebelwolke:
jetzt geh erneut
Ostern suchen.

Ein kränkendes Wort,
ein Schlag in den Bauch deiner Seele
oder gar Abschied,
der dich in Fransen vom
eigenen Leib hängen lässt,
ein zerbrochenes Werk, ein verschlossenes Tor
du stehst verzweifelt,
müd oder mutlos davor:
jetzt geh erneut
Ostern suchen.

Der Erdrutsch beim Bau
deines Hauses im
Sumpfland der Seele,
wenn einer Untiefe Dunkles

dich schwer macht
wie Schlamm und Morast,
im Kerker von Angst vor
dem Gestern, dem Morgen
auch heute gefangen
trotz Sorgen und Bangen:
jetzt geh erneut
Ostern suchen.

Osternester sind nicht nur
zu Ostern zu finden.

Jeder Tag legt neu
Aufersteh'n bereit.
Die suchende Hand reicht
mit dem Arm des Vertrauens
und findet auch wieder
ein Ei neuen Lebens
mitten im strohtrock'nen Nest
vergangener Ernte:
jetzt hast du erneut
Ostern gefunden.

50 Tage nach Ostern ist das Fest der vollen Hand mal
10, Pfingsten. Dieser Tag meint Fülle und Endpunkt
in einem. Über alle wird Gottes Geist gegossen, die
ganze Pfingstgemeinde wird von innen zur Einheit
der Herzen geführt – der vielen Sprachen zum Trotz
–, sie erkennt ihre unmittelbare Gotteskindschaft. Alle sind Erben Gottes und Miterben Christi geworden.
Das ist auch der Tag, an dem Kirche entstand: Gottes

Wirken verteilt auf die Vielen, eingebettet in Zeit, Jesu Wirken im Wirken derer, die IHM folgen, aus IHM leben, Seine Werke in die Hand nehmen.

Das Kirchenjahr kennt zwei Reinemachezeiten: den Advent im Anweg auf Weihnachten und die Fastenzeit als Vorbereitung auf Ostern. Beide Zeiten wollen aufwecken, lüften, reinigen; die Wachheit vertiefen.

Vom Fasten soll an anderer Stelle geredet werden. Hier möchte ich nur die kluge Pädagogik des kirchlichen Jahres rühmen. Da weiß man um die Erschlaffung, da ist es nicht peinlich, bei sich selbst ein Nachlassen der Kräfte oder gar ein Versagen derselben vorzufinden. Es ist menschlich! Ebenso menschlich-göttlich ist es, neu anfangen zu dürfen. Das Kirchenjahr vermag mit Versagen und Schuld umzugehen, ohne zu verzweifeln. Mit Gottes Einladung und Entgegenkommen gibt es immer einen Ausweg, einen neuen Weg.

Das übrige Kirchenjahr gedenkt an zahlreichen Werktagen der Heiligen. An den Sonntagen feiert man das Ostern der Woche und stellt mit den Evangelien Jesu Wirken unter das Wort: »Ich bin gekommen, ein Gnadenjahr des Herrn auszurufen.«

3. Feiern und Fasten

Im lateinischen Kirchenkalender werden die gewöhnlichen Werktage sogar »feria« genannt, also Fest, Feiertag. Wesentlicher Teil der gottesdienstlichen Zusammenkünfte ist die tägliche Messfeier. Wie ungewöhnlich das eigentlich ist, würden wir dann merken, wenn es auch eine Feier des allmorgendlichen Aufstehens gäbe, wenn wir von einer Frühstücksfeier sprächen. Und doch heißt es von Montag bis Freitag »feria«, gibt es nur Mess-Feiern. Die Katholiken kennen scheinbar nur das Feiern ... Und genauso ist es auch! Dahinter steckt die Überzeugung, dass alles Leben Geschenk ist und das Danken verdient. Der christliche Philosoph Josef Pieper (1904–1997) beschreibt das Phänomen so: »Fest ist Zustimmung zum Dasein, nichts anderes.« Eine solche Bejahung wird also immer wieder in Ritus und Wort begangen. Ist es aber die Zustimmung des Gläubigen oder ist es die Zustimmung zum Gläubigen? Es ist Letzteres. Gottes Ja wird gefeiert. Sein Ja in Jesus Christus, der für uns kam, mit uns Leben teilt, als unser Anwalt vor Gott steht.

In einem tieferen Sinn versteht sich alle Gottesdienstfeier als die Handlung Christi vor Gott dem Vater in unserem Namen. Er hört nicht auf zu danken, zu loben, zu bitten, zu speisen, zum Trinken zu geben.

An allen Tagen begegnen uns Gesang und Hymnus, trägt der Priester Gewänder, die nicht für den Straßengebrauch gedacht sind, gibt es Geläute und eine Speisung umsonst.

Dass das alltäglich Begangene so gewöhnlich wird und sich in uns abnützt, mindert nicht, dass es doch die Feier des Höchsten ist, an der wir teilhaben. Ist aber gar ein Feiertag angesagt oder ein Hochfest, nehmen die Gesänge zu, werden die Gewänder prächtiger, ist der Kirchenraum neu geschmückt, erhöht sich die Zahl der liturgischen Dienste. Das ganze Jahr über regelt ein fein abgestimmtes System den Rhythmus der Gottesdienste. Nichts wird dem Zufall überlassen und nichts muss neu erfunden werden. Es ist und kommt wie von jeher und stellt den Teilnehmer in eine Art von Zeitlosigkeit.

Innerhalb dieser totalen Feier hat aber auch anderes, Gegensätzliches Platz: das Fasten und die Abstinenz. Gerade in solchen Vorgängen zeigt sich, wie körperbezogen und leibhaftig katholische Lebensgestaltung sein kann. Beim Fasten im geistlichen Sinn geht es ja nicht um ein wieder mal notwendiges Abspecken. Es geht um die Verwandlung der Sinne. Durch den Entzug der realen Speise wird eine Leere geschaffen, die geistig-geistliche Speise wahrnehmen lässt, sie stärker zur Geltung bringt. Durch den Schlafentzug beim Gebetswachen wird eine andere Art von Erholung geweckt, die geistliche Ruhe in der göttlichen Gegenwart.

Hinzu kommt noch die Askese der Augen und Ohren. In der Advents- und Fastenzeit sollte der Kirchenschmuck reduziert werden oder gar wegfallen. Die prunkvollen Altarbilder und Aufbauten werden durch ein Fastentuch verhängt und dem Auge entzogen. Die Orgel, die Glocken können an manchen Tagen gänzlich verstummen. Gewänder, Gesänge, der Gesamtstil sind verhaltener. Fasten an Speise und Trank, Fasten der Augen und Ohren sollen die inneren Sinne wecken, deren Sättigung und Befriedigung aus den geistlichen Quellen. Dieser spirituelle Vorgang verankert sich im Körperlichen. Somit ist das Fasten ein Gebet mit ganzem Körpereinsatz, ein

»handgreifliches« Gebet. Dabei darf eine solche Askese nicht als fromme Leistung verstanden werden,
ansonsten würde sich dieses zwischen den Beter und
den lebendigen Gott stellen. Es kann nur im Sinne
einer ganzheitlichen Vorbereitung, gewissermaßen
als Lockerungsübung verstanden werden, damit die
Gotteshandlung ankommen kann.

4. Die sieben Sakramente

Sakramente werden nach katholischer Tradition phy-
sische Zeichen genannt, die – entsprechend der In-
tention Jesu vollzogen – geistliche Wirklichkeit schaffen: so Übergießen und Eintauchen ins Wasser bei
der Taufe. So ist in der Messe der vom Priester vor-
genommene Ritus mit dem Deutewort Jesu belegt:
»Das ist mein Leib, das mein Blut«: das Sakrament
des Abendmahls.

Die Sakramente werden zum Teil nur ein einziges
Mal empfangen, bewirken aber dann einen besonderen Lebenszustand des Menschen. Sie gleichen Initia-
tionen, sind Schritte der Reife in der Beziehung zu
Jesus. Zu diesen gehören Taufe, Firmung, Ehe und
Priesterweihe. In der Taufe wird der Mensch in die
Gemeinschaft der Glaubenden, der Kirche aufge-
nommen. Die Gültigkeit und Verbindlichkeit dieses
Sakraments wird von allen christlichen Glaubensge-
meinschaften gegenseitig anerkannt. Bei der Firmung
geschieht die bewusste Aufnahme in die Kirchengemeinde und die Geistsendung auf den Kandidaten.
In der Eheschließung schafft das einander gegebene

Jawort die öffentliche und rechtliche Zusammengehörigkeit. Die Ordination der Priesterweihe macht den Menschen zu einem von der Kirche bestellten Verwalter ihrer Sendung, zu einem Hirten für die Gemeinde.

Die anderen Sakramente können vom getauften Christen immer wieder als Heilung und Stärkung auf dem Weg empfangen werden. Im Bekenntnis von Schuld und dem zugesagten Vergebungswort seitens der Kirchengemeinde, in der Rolle des Priesters oder eines Mitchristen, besteht das Sakrament der Versöhnung: die Beichte. Kranken Menschen spendet die Kirche in Anlehnung an die Aposteltradition das Sakrament der Salbung zur Stärkung und Genesung. Als zentrales Zeichen seiner Gegenwart bei der gläubigen Gemeinde hinterließ Jesus sein Abendmahl. Damit hat er uns das Miteinander-Mahl-Halten als seine wesentliche Selbstaussage hinterlassen. Wie Brot und Wein beim Verzehr »sterben«, um im Essenden und Trinkenden zu neuem Leben zu werden, so deutet Jesus seinen Tod, sein Auferwecktwerden für uns. Die Feier der Messe vergegenwärtigt der Gemeinde dieses Jesusmahl, vergegenwärtigt ihn für die Essenden und Trinkenden. »Das bin ich für euch und alle, hingegeben zur Vergebung der Sünden.« Bei Johannes heißt es bezogen auf diese urkirchliche Praxis: »Wer von diesem Brot isst, wird leben in Ewigkeit.« Und Paulus sagt: Dieses Essen und Trinken verkündet den Tod und das Auferstehen Jesu, bis er wiederkommt am Ende der Zeiten. Das macht verständlich, warum seit den ersten Kirchentagen das Zusammenkommen zum Herrentag, das Brotbrechen miteinander so wesentlich ist. Dabei formt sich Kirche stets neu.

Sakramente sind sinnlich wahrnehmbare Zeichenhandlungen: Mit Wasser übergossen, gesalbt, gespeist, mit Handauflegung beauftragt, im Jawort einander verbindlich zugesprochen. Wenn wir wieder lernen und lehren, was die Zeichen erzählen, wenn wir wieder lernen, Sinnzeichen als Wirkzeichen wahrzunehmen, haben wir auch deren theologische Bedeutung erfasst. Doch das ist kein kognitives Verstehen von Sinnzusammenhängen, sondern ein kontemplatives Innewerden von Wirklichkeit. Da heute die Sinnlichkeit im Lärm und in der Hetze des Alltags untergeht oder sich erst gar nicht entwickelt, hat es das Sakrament sehr schwer. Ohne die Zeichen- und Sinnhaftigkeit dieser Handlungen im Alltag zu erleben, bleibt auch das Sakrament fremd.

Am Beispiel der Beichte sei es nochmals verdeutlicht. Ein Mensch bekennt seine Grenzen, Schwächen, Schulderfahrungen. Ein anderer hört mich an, ist Realperson für meine Suche nach neuer Annahme und spricht eine Gotteszusage für mich aus: »So spreche ich Dich los ...« Normalerweise ist diese Vollmacht an den offiziell dafür beauftragten Priester gebunden, die Tradition der Kirche und vor allem das Mönchtums kennen aber auch den Vorgang der Laienbeichte. Wer das eigentliche Sakrament spendet, ist ohnehin der anwesende Christus selbst, mittels der konkreten Nähe eines Menschen.

Sich dieser geistlich-therapeutischen Bedeutung bewusster zu werden, sollte jeder Gefirmte lernen. Sind wir doch alle berufen: »Du sollst ein Segen sein!«

Das geht so weit, dass wir einander fast sakramental deuten dürfen. Das alte Mönchtum tat es im Wort: »Siehst Du Deinen Bruder, siehst Du Deinen Herrn.« (Tertulian)

Die Verlängerung des Gesagten führt dorthin, dass die Kirche als Ganze das Ursakrament genannt werden darf. Wir sind zur gegenseitigen Weitergabe der Gottesgnade verpflichtet; aber nicht eben nur im geistlichen Sinne, sondern ganz physisch, real und personal. Deshalb ist die innere Einigkeit der Christengemeinde so entscheidend, weil ohne das Einssein im Menschlichen der Gottesfluss stockt oder austrocknet.

Im Johannesbrief sagt der Schreiber: »Wenn jemand sagt: Ich liebe Gott, aber seinen hasst, ist er ein Lügner. Denn wer seinen Bruder nicht liebt, den er sieht, kann Gott nicht lieben, den er nicht sieht.« (1 Joh 4,20) Kirche als Ursakrament sagt: Es gibt keinen spirituellen Bypass, der direkt zu Gott führt. Es geht immer durch die Welt und den Mitmenschen.

Im abermals verlängerten Sinn kommen wir zur Menschheit und zur Welt selbst als einem sakramentalen Gehalt. Diese Zusammenhänge bestimmen wesentlich die christliche Ethik. Deshalb ist Christsein eine politische Aussage, geprägt vom zentralen Befund, dass jeder Mensch Gottes Ebenbild ist, Träger seiner ganzen Gegenwart. Die Gerichtsrede Jesu im Evangelium bringt es auf den Punkt: Was dem Geringsten seiner Menschenbrüder geschieht, widerfährt IHM selbst. Eine verantwortungsvolle, aber auch wunderbare Communio geht von einer solchen Weltsicht aus. Ein dynamischer Auftrag ist darin enthalten, der allem eine neue und wesentliche Bedeutung zuspricht.

5. Ämter und Rollen

Das im vorausgehenden Kapitel Gesagte soll an dieser Stelle nochmals differenzierter betrachtet werden. Vor allem die vorreformatorischen Kirchen, die römisch-katholische und die ostkirchlich-orthodoxe geben ein vielschichtiges Bild von Ämtern und Rollen. Doch kommt auch die reformierte Christenheit nicht ohne dergleichen aus.

Kein Amt in der Kirche hat seine Legitimation im Amtsträger selbst oder in der soziologischen, ordnenden Notwendigkeit. Jedes Amt geht auf Christus selbst zurück. Sein Wort soll weitergesagt werden, nicht der Prediger sich selbt predigen. Christi Gotteszusage soll weitergereicht werden als Vergebung, als Verheißung, als Gottesbrot und -blut. Aus diesem Grund verbietet sich jeglicher Klerikalismus. Niemand kann das Jesuswerk für sich pachten. Daher definieren sich die kirchlichen Ämter als Dienste, wie Paulus das Apostelamt ansieht. Wie die Geschichte zeigt, wurde und wird unter dem Deckmantel des Dienstes aber auch Macht ausgeübt. Hier und nicht nur hier zeigen sich die Brüchigkeit und innere Gefährdung der sakramentalen Welt- und Kirchensicht. Dennoch ist sie der alten Kirche derart zentral wichtig, dass die Lehre von der objektiven Gültigkeit des Sakraments spricht, auch wenn sein Spender eigentlich dazu unwürdig ist. Auch die Messe eines

»Schnapspriesters« ist heilige Messe. Auch die Lossprechung durch einen sündigen Priester – und jeder ist einer – ist Lossprechung durch Gott.

Verstehen wir die Hierarchien in den Kirchen auf diese Art und Weise, sind wir ihren begrenzten Handlungen nicht existenziell ausgeliefert. Die bunten Gewänder und Zeichen, das Folkloristische ist das Werk kultureller Entwicklung und Formgebung. Es birgt viel Sinn und Deutung, hat aber auch viel Unsinn und Eitelkeit in sich. Im katholisch-sinnlichen Sinne darf beides zusammen wachsen und sich letzten Endes geläutert wieder voneinander trennen.

Weil in der altkirchlichen Glaubenssicht die Welt nicht gänzlich aus der Gnade fiel, ist alle Schöpfung, alle Natur, alle Menschlichkeit auch fähig, gottvoll zu werden. Die Kirche darf also greifbar-weltliche Form haben, sonst würde sie sich gleichsam in ein pneumatisches Gebilde verwandeln, zu einer spirituellen Wolke werden.

6. Ehe und Zölibat

Beide Lebensformen haben in wesentlichen Bezügen mit der Leiblichkeit zu tun. In beiden Weisen gelingt das Leben nur, wenn der Körper ernst genommen und geliebt wird. Das mag sonderbar klingen, da doch die Kirche vor allem dieser beiden Lebensweisen wegen als leibfeindlich gilt.

Nach dem katholischen Eheverständnis ist die Ehe kein »weltlich Ding«. Sie ist Sakrament. Die Partner gelten einander als Person, in der Gott erfahren und gedient, in der Gott geliebt wird. Sie sehen es als eine von Gott gegebene Lebensaufgabe an, als einen Ort der Lebenstreue. Sie sind einander Gottes Gegenwart und Anspruch, Gottes greifbare Wirklichkeit. Deshalb sagt Paulus, die Frau solle dem Mann anhangen, wie die Kirche Christus anhängt. Und der Mann solle die Frau lieben, wie Christus die Kirche liebt. Die beiden spielen gewissermaßen dieses Christusspiel miteinander nach.

Aus einer solchen geistlichen Sicht könnte eine Spiritualität der Ehe entwickelt werden. Das wäre viel wichtiger, als eine Ehemoral zu predigen. Nur aus jenem Verständnis des einander sakramental Zugeordnetseins folgert das hohe Ethos christlicher Eheauffassung. Und wir dürfen die Ehe nicht primär als eine Art Sexualpakt sehen, sie ist ein Beziehungsort, der im Kontext geistlicher Gesetzmäßigkeit steht. Aber diese geistliche Wirklichkeit hat konkrete Folgen – bis in die Leiblichkeit hinein. Die Seele will den Körper durchformen, im Körper wird die Seele auf das Intimste berührt, geliebt oder verwundet. »Dinglicher« könnte sich das Katholische nicht ausformen, geistig erhabener aber auch nicht.

Und nur vor dieser Folie bekommt das Zölibat einen Sinn. Bei der Nonnenweihe lautet ein alter liturgischer Text: Jene geloben, was die Ehe meint, ohne zu vollziehen, was die Ehe vollzieht. Wie das Fasten ein natürliches Bedürfnis eine Zeit lang ausblendet, um für eine geistliche Nahrung empfänglicher, »hungriger« zu werden, wie beim Wachgebet der Schlafentzug zu einer wesentlichen Ruhe führen will im Gottesbewusstsein, so ist geschlechtliche Enthaltsamkeit ein Beziehungsvorgang. Dabei geht es nicht um Askese, Verzicht und Opfer als Leistung. Es geht um ein Beziehungsgeschehen als Gebet. Die Enthaltsamkeit erhält ihren Sinn aus mystischer Freundschaft. Genau mittels des Enthaltens im geschlechtlichen Wollen ist eine Beziehung gemeint, die sich im Verzicht ihres »körperlichen Ortes« unübersehbar bewusst wird; eben Gebet mit Haut und Haar, Gebet aus der Leidenschaft des Geschlechtes heraus! Welche notwendigen Schritte zum Beschreiten eines solchen Weges notwendig sind, würde den vorgegeben Rahmen sprengen. Das Einhalten eines Versprechens wäre zu wenig. Nötig ist ein Lernweg, ein Curriculum des Reifens, während dessen dieser innere Umbau geschehen kann.

So erweist sich gerade die Tradition zölibatären Lebens als eine besonders körperliche Spiritualität, als außerordentlich seelischer Ausdruck in körperlicher Gestalt.

7. Der geistliche Weg

I.

In diesen Dingen weiß nur,
wer auch erfahren hat.

Ich habe nicht einen Leib, ich bin mein Leib.

Es wäre eine Kränkung – eine Dauerkränkung –, würde ich mich in Bezug auf meine Beine, meine

Ohren oder was auch immer an meinem Leib nicht annehmen können.

»Ich bin schön!«
Das ist ein ebenso selbstverständlicher wie auch aufregender Satz.

Mein Leib ist das Gedächtnis all meiner Erfahrungen.
Fortwährend wird Wort Fleisch.

II.

Ob ich Gott liebe – das ist eine Frage.
Ob ich mich liebe – das ist auch eine Frage.
Wie kann aber jemand die eine Frage bejahen, aber die andere verneinen?

Nein! Ich liebe Gott nur, wenn ich mich liebe.

Alles Leben als Mensch ist Leben im Leib.

Geistliches Leben braucht einen Leib, mit dem es gelebt wird; ein Wort, ein Lachen, ein Herz.

Glauben ist eine Körperhaltung, eine Gangart, eine Weise zu lachen und hinzuschauen.

Eines gilt immer:
Wie ich berühre, werde ich berührt.
An Achtsamkeit und Ehrfurcht hängt alles.

III.

Geschlechtliche Enthaltsamkeit ist ein Gebet mit Haut und Haar.

Man muss erst die Begriffe klären.
Ehelosigkeit ist eine Standesbeschreibung vom Junggesellendasein bis hin zum Mönchsleben.
Keuschheit. Menschsein braucht Keuschheit. Mal gewähre ich sie, mal empfange ich sie.
Wir dürfen sie aber nicht zur Enthaltsamkeit ausdörren.
Enthaltsamkeit aus geistlicher Entscheidung ist eine Form, seine Sexualität zu leben.
Virginitas ist die Leidenschaft hingehaltener Schenkel, dass ich doch gänzlich mich an IHN verlöre.

Das Geschlecht verpflichtet den Menschen, Mann oder Frau zu werden.

Diese Einseitigkeit ist das Gleichnis aller Gleichnisse
– die blutende Wunde der Sehnsucht.

In jeder Sehnsucht tut immer nur Gott weh.

Enthaltsamkeit als asketische Leistung ist genauso wenig sinnvoll,
als würde einer nur noch blind oder taub leben wollen.

Enthaltsamkeit aus Gottsuche taugt nur, wenn sie hochzeitlich ist:

Im Enthalten gehöre ich meinem Geliebten – Gott
–
und dehne mich gänzlich zu IHM hin.

Es gilt, mit dem Leib zu beten.

»Gott,
schau meine Leidenschaft,
höre den Schrei meines Sehnens,
gewahre das Feuer in Haut und Haar
und merke das Zittern der Kraft,
und dass es glüht in mir
für Dich
als Mich
als Dich
im Geheimnis des Geistes als Fleisch.«

IV.

Der Mensch lebt nicht einfach,
er muss das Leben erlernen.

Leibhaftig Gott anhangen,
ist ein Weg. Auf diesem Weg braucht es Lernen
im Üben – Askein.

Die erste Lektion in dieser Lebensschule heißt:
Liebe deine Haut.

Die zweite Lektion:
Liebe mit deiner Haut.

Die dritte Lektion:
Liebe hautlos.

Die vierte Lektion:
Mache deine Haut zum Gebet.

Die fünfte Lektion:
Sei nur noch Gebet.

8. Das liturgische Theater

Manchem mag die Überschrift fast blasphemisch
klingen. Aber es ist so. Der öffentliche Gottesdienst
hat etwas von einem Schauspiel an sich. Er will die
Sinne des Besuchers wie auch all seiner Akteure an-
sprechen. Er will sinnlicher Ausdruck von inneren
Sinnzusammenhängen sein.

Die gottesdienstliche Choreografie versteht sich als
körperhafte Mitteilung dessen, um was es wirklich
geht. Ihre ernste Feierlichkeit ist Ehrfurcht vor der
Anwesenheit des lebendigen Gottes. Daher geschieht
nichts Lärmendes oder Hastiges. Das Gehen ist ein
Schreiten, das Sitzen ein Thronen, das Stehen wache
Haltung beim Angesprochensein. Die liturgische
Sprache ist gefasst, nicht zufällig. Und weil sie sich
über lange Zeiträume hinweg formte, klingt sie auch
manchmal antiquiert. Die Gewänder des Kultes haben keinen profanen Nutzen, sie besitzen vielmehr
symbolische Bedeutung. Diese in ihren Einzelheiten
aufzuschließen, ist schon mehrfach geschehen und
den Lesern leicht zugänglich.

Dies alles möchte aber eine wache und dem Gewöhnlichen enthobene Sammlung bewirken, möchte dem sakramentalen Geschehen gerecht werden. Psychologisch gesehen ist es eine Summe von Ausdruckshilfen, um dem Inneren Gestalt und Gewand zu geben.

Wird diese Sinnlichkeit von Gehen und Handeln, von Gewand und Gebärde nachlässig gehandhabt, vernachlässigt sie auch den innewohnenden geistigen Sinn. Werden Ritus, Zeichen und Habitus gänzlich eliminiert, verschwiegen, vermeintlich »vergeistigt«, dann verdunstet deren Wirklichkeit, weil nichts mehr ein- noch auswirkt. Solch puristisches, bilderstürmerisches Eifern gab es mehrfach in der Kirchengeschichte. Aber die alte Kirche hat sich immer wieder zum Bild, zur Sinnhaftigkeit im Ausdruck, zum Symbol und Kult durchgerungen. Das war die Frucht eines gesunden Empfindens, dass alles Menschliche sich leibhaftig ausdrücken muss, um menschlich noch nachvollziehbar zu bleiben. Es geht aber auf den theologischen Anfang alles Christlichen zurück: »Das Wort wird Fleisch«; »Das ist mein Leib, nehmt und esst«; »Er berührte ihn«; »Er fasste bei der Hand«. Wenn Gott selbst sich für seine Offenbarung einer leiblich-sinnhaften Art und Weise bediente, braucht der Mensch nicht geistlicher sein zu wollen. Wir benötigen für allen Ausdruck den Leib. Leiblos ist bald geistlos. Thomas von Aquin (1225–1274) summiert: »Wenn der Mensch im Fleisch geistig sein wird, was den Heiligen nach der Auferstehung versprochen ist, dann wird er auch im Fleisch das Geistige schauen können.« Und an anderer Stelle: »Die mit dem Leib vereinte Seele ist Gott ähnlicher als die vom Leib getrennte, weil jene auf vollkommenere Weise ihre Natur besitzt.«

Um dem Fluss des liturgischen Spiels gerecht zu werden, muss man sich allerdings auf ihn einlassen, sich ihm überlassen. Nicht jedes Wort kann reflektiert, nicht jede Gebärde in ihrer Bedeutung bewusst gemacht, nicht jede Phase wach mitvollzogen werden. Erst die immer wiederkehrende Feier vertieft, erschließt und prägt.

Es ist vergleichbar mit dem Erlernen eines Tanzes oder Musikstücks. Musik wird dieses erst allmählich. So sind wir wieder einmal bei der elementaren Wahrheit angekommen: Das Leibhaftige bedarf der Formung durch die Übung, damit es durchseelt werde. Liturgische Bildung ist liturgische Praxis vor aller Theorie. Gebet ist immer schon der Ernstfall, wie alles Lieben auch.

Deshalb arbeitet alle religiöse, geistliche Formung mit der Technik der Wiederholung. Das immer Gleiche vertieft, das Wiederholte ermöglicht, sich zu verändern. Musiker, Tänzer und Sportler wissen das. Auch die Mönche wissen, weshalb ihre Tage fast immer den gleichen Rhythmus haben, weshalb ihre Gottesdienste so gestaltet sind. Da muss niemand etwas neu machen, da dürfen aber alle sich neu dem Strom der liturgischen Kultur überlassen.

Auch deshalb ist die gottesdienstliche Praxis der Arbeit auf der Bühne vergleichbar. Zwar spielen wir immer bei offenem Vorhang, aber keine Aufführung gleicht der anderen. Der Spieler spielt die Rolle so lange, bis die Rolle ihn spielt, formt, tiefer auslotet.

Aber damit ist es nicht anders als mit dem Leben selbst. Dieses »können« wir nicht einfach, wir müssen es fortwährend neu erlernen, wenn wir es vernachlässigen, verlernen wir es. Echte Beziehungen zwischen Menschen gibt es nur als gelebte Beziehungen. Die Gottesbeziehung ist nicht anders zu haben. Deshalb ist der Besuch des Gottesdienstes nichts Äußerliches, es ist leibhaftige Religion. Sein Wegfall würde eine leiblose Religion bedeuten, eine Beziehung ohne Worte, Gebärden und Zeichen.

9. Täglich fromm

Ich bin erwacht. Wohin gehen die ersten Gedanken? Alle Religionen kennen das Gebet am Morgen. Vor aller Geschäftigkeit hebt sich der Blick nach oben als Dank für die Nacht und den neuen Morgen, als Bitte um Segen und Schutz, als Hingabe an den Tag. Ist das zur Gewohnheit geworden, hat der Mensch einen Fixpunkt gefunden, von dem aus er frei und ohne Ängste in den Tag gehen kann.

Katholischer Brauch ist es auch, das segnende Kreuz über sich zu schlagen. Mit etwas geweihtem Wasser – Tauf- oder Osterwasser – benetzt er Stirn und Körper.

Von meinem Vater kenne ich zudem den Brauch, vor heiligen Zeichen, beim Vorbeigehen an einer Kirche den Hut zu lüften. Was für eine Haltung der Ehrfurcht!

Die Tageszeiten erinnern einen an biblische Ereignisse. Der Morgen ist die tägliche Osterzeit, 9.00 Uhr die Pfingststunde, 12.00 Uhr die Tagesmitte, welche durch ein kurzes Gebet geheiligt wird. Um 15.00 Uhr ist Jesu Todesstunde. Der heraufkommende (Feier-)Abend, die Vesperzeit, ist zum Danken vorgesehen. Vor dem Schlafengehen wird ein Nachtgebet gesprochen.

Natürlich umrahmt das Be-Denken und Be-Danken die Mahlzeit. Das alles sind Praktiken, die unser gewöhnliches Leben ein wenig heben, die alles in das Gotteslicht halten, die allem eine transzendente Durchlässigkeit geben.

Nicht anders ist es mit dem Brauchtum bäuerlicher Gesellschaften gewesen. Diese Formen sind vergangen, weil wir in anderen Rhythmen leben. Es kann aber eine neue städtische und moderne Alltagsmystik gefunden werden. Die französische Schriftstellerin und katholische Mystikerin Madeleine Delbrêl (1904–1964) oder die französische Autorin spiritueller Bücher Marie Noël (1883–1967) mögen als Beispiele dafür genannt werden. Die Arbeiterpriester, ein Teilhard de Chardin (1881–1955) haben uns gezeigt, dass auch der Alltag zahlreiche Gelegenheiten bietet, Gott in ihm zu finden. Diese moderne Weltfrömmigkeit, die übrigens in der Praxis des arbeitenden Mönchtums schon immer anwesend war, ist ein guter geistlicher Weg, weil er sich am Erfahrbaren, Realen festmacht. Das Leben selbst – wenn es nur wach gelebt wird und der Blick nach »oben« wieder offen ist – treibt einen in die Arme Gottes.

Es wird kaum möglich sein, die oben genannten christlichen Praktiken dieses Gottesgedenkens für die Allgemeinheit wiederzubeleben. Es ist aber möglich, eigene, ganz persönliche Riten und Gewohnheiten geistlichen Tuns in sein Leben einzubauen. Dabei wäre es wichtig, dass es kein Muss ist. Pflichten haben wir genug. Es muss uns aufgehen, wie gut solches tut, wie sehr es uns als beseeltes Wesen erfahrbar macht, wie der Leib aufblüht im Erheben des Herzens. Solcher Geschmack wird die Freude an geistlicher Übung wecken und am Leben erhalten. Dass einem dabei Durststrecken und Erschlaffung begegnen, ist selbstverständlich. Aber ich habe ja schon einmal erlebt, was mir guttat, was das Leben bereicherte. Bei alldem gilt: Je einfacher die Praxis, desto tauglicher ist sie. Und es bedarf der Wiederholung, der Treue, welche ja bekanntlich die Alltagsform der Liebe ist.

Vor allem bedarf es in Krisenzeiten fester äußerer Formen, welche das Innere zusammenhalten. Wir brauchen auswendig gelernte Bibelworte für den Krisenfall, Gebete und Sinnsprüche für die Begegnung mit dem Tod. Wir müssen den alten Ritualen wieder vertrauen, wenn wir in Grenzsituationen geraten. Wie verloren und hilflos stünden wir da, hätten wir dafür weder Zeichen noch Worte noch Musik!

10. Sinnfällige Gebetsweisen

Das Christentum kennt verschiedene Gebetstraditionen, in denen das Beten an sinnfällige Formen und Dinge festgemacht wird. Der Rosenkranz, ein Wiederholungs- beziehungsweise Leiergebet, tastet sich entlang der besonderen Perlenkette. Wie das Gebet gleichsam die Rosinen aus dem Evangelium herauspickt, so bewegen sich die Finger die Perlenkette entlang. Diese kleine Bewegung, das Voranschreiten mit den Fingern, hält wach und bindet das Gebet an die taktile Empfindung.

Beim Kreuzwegbeten schreitet der Beter die 14 beziehungsweise 15 Bildtafeln ab, welche den Leidensweg Jesu nacherzählen. Der Blick geht zu den Bildern, man sieht Jesu Leidensstationen, erkennt aber auch Etappen des eigenen Leids wieder. Es ist, als ob man am »Jesusgeländer« seinen eigenen Weg zu gehen und zu verstehen lernt. Ein geradezu wörtlich genommenes Nachfolgen wird betrachtend vorgenommen. So wird das Gebet zur Lebenshilfe.

Noch gibt es mancherorts den alten Brauch, dass morgens, mittags und abends eine Glocke läutet. Dreimal täglich ruft sie zum »Angelus«-Gebet. Dabei wird an die Berufung Mariens erinnert und dazu eingeladen, ihre Antwort »Ja, mir geschehe, wie du gesagt hast« selbst nachzusprechen. Mit diesem Glockenanruf und der Antwort als Gebet geschieht auch die biblische Geschichte von Neuem. Der Beter hat sich bejahend auf Gott eingelassen. Und das dreimal täglich!

Inzwischen ist das Wallfahren wieder modern geworden. Man muss für die Teilnahme kein standhafter Kirchgänger sein. Vor allem die Männer lassen sich zu dieser Art »Gebet« gerne einladen. In einer Gruppe unterwegs zu sein, im Rhythmus gemeinsamen Tempos, begleitet von einer Gebets- oder Gesangsleier, hat etwas tief Erholsames. Im Laufe solcher Wallfahrtstage wird die eigene Körperlichkeit neu erlebt, besinnt man sich aber auch wieder auf die eigene Person, sein eigenes Wesen. Im Schutz der gegebenen Formation erholt sich das Innere. Und niemand fragt einen aus, niemand verlangt ein besonderes Bekenntnis. Ist das Ziel endlich erreicht, schenken einem die Folklore, die Musik und das offene Kirchenportal die Erfahrung wohltuenden Friedens: angekommen! Natürlich sind Gesangbuch und Proviant immer dabei. Beten, Essen und Trinken sind eins, halten Leib und Seele zusammen. Wallfahren ist Körpergebet. Es ermöglicht eine geistliche Erfahrung als Leibgefühl.

Eine verkleinerte Form des Wallens sind die Prozessionen. Betende Umzüge, bei denen die Enge des Kirchenraums sich lüftet, bei denen auch nach links und rechts geschaut werden kann, bei denen das Heilige und das Profane eins werden. Und gerade der letzte Aspekt deutet auf eine heutige Sehnsucht hin: miteinander für eine Sache auf die Straße zu gehen, miteinander ein Bekenntnis zu »erlaufen«. Solche körperhaften Gebetsformen machen lockerer und freier, als es Kirchenbänke können. Und schließlich führt uns der Weg noch zum allerorts üblichen Kerzenständer, der mein Lichtlein aufnimmt. Das Gebet dabei wird nach wie vor dürftig ausfallen, aber das Herz hat sich doch geöffnet, hat jemanden geliebt, hat jemanden irgendwie der göttlichen Wirklichkeit anempfohlen. Es war Gebet, es ist Vertrauen.

Dazu gehören auch die Texte in den ausgelegten Büchern. Manchmal steht da ein Satz, der seit Jahren ausgesprochen, niedergeschrieben werden wollte, aber es erst in der Anonymität konnte. Es ist der Glaube: Da wird doch einer sein, der liest und erhört!

11. Schönheit feiern

Hätten wir genügend Zeit und führen wir landauf, landab durch ganz Europa – durch das alte, christliche Europa –, von Stadt zu Stadt, von Kirche zu Kloster, könnten wir nicht umhin, festzustellen: Christentum ist auch eine Feier der Schönheit.

Weil Gott, der Schöpfer, in Natur und Mensch Schönheit gelegt hat, weil die Welt Klang ist, weil das Leben selbst wie ein Tanz ist, kann der Gottesglaube ohne den Sinn für das Schöne gar nicht auskommen. Ich halte nichts davon, sich hässlich zu machen oder geizig und stillos zu leben, um Gott zu ehren. Es ist vielmehr die andere Richtung gefragt.

Wenn Gott sich ins Sicht- und Greifbare verströmt hat, wenn er gar Mensch wurde, braucht es Augen, Ohren und Hände zum Ertasten und Liebkosen.

Deshalb sind unsere alten Kirchen voll mit Bildern und Figuren, mit Musik, mit Devotionalien zum Berühren und Küssen, zum Herumtragen und Anfassen.

Es tut allerdings auch sehr weh, wenn einem Religion als Kitsch und Stillosigkeit entgegenkommt. Kitsch ist dort, wo das Herbe, Kraftvolle, Erosgeladene ausgeblendet bleibt. Stillosigkeit herrscht dort, wo ein unverbundenes Durcheinander Unordnung erzeugt. Die Addition frommer Zeichen erhöht deren Aussage nicht, sie zerstört sie vielmehr. Stil braucht den Mut zum Verzicht, damit Klarheit herrscht. Derlei Kriterien lassen sich an jeden gotischen Dom, an jede ausgereifte Barockkirche und auch an moderne Sakralbauten legen.

Was nottut, wäre Bildung zu ästhetischer Spiritualität. Diese ist vielleicht sogar wichtiger als eine ethische. Ist nämlich der Sinn für das Schöne geweckt, folgen die Ehrfurcht und die Wahrheit ihm automatisch nach. Was nottut, wäre auch, Kontemplation und Mystik nicht mehr als bloßes »Augenverschließen« zu lehren. Die Menschen müssen – gerade aufgrund der heutigen Bilderflut – wieder eine Seh- und Hörerziehung bekommen. Schauen lernen, im Sichtbaren das Unsichtbare!

Dabei bedarf es weniger kunsthistorisch versierter Kirchenführer als vielmehr einer mystagogischen Anleitung zum geistlichen Sehen. So würde die Gotteskraft aus der Schönheit der vielen Kirchen dem Besucher aufgehen. Ganz Europa ist durchwoben mit den bildhaften Predigten, mit der starken Ausstrahlung seiner Kathedralen und Dome.

Schönheit ereignet sich aber auch immer wieder in der Feier der Liturgie. Doch nicht selbstverständlich. Dazu bedarf es ebenso einer Ausbildung und Pflege von Stil, Klarheit und Echtheit.

Da Gott selbst sich im Medium Wort mitteilt, braucht das menschliche Wort, welches um ihn kreist und in seiner Gegenwart gewagt wird, Form und Schönheit in allen Bezügen.

In der Liturgie – da sie ja öffentlicher Dienst ist – wiegt angebliche Frömmigkeit dargebotene Stillosigkeit keineswegs auf! Kleidung, Sprache, Gebärde – alles soll die Formung und Wahrheit atmen, welche dem anwesenden Gott Ehrfurcht bezeugt. Nicht ohne Grund hat sich die christliche Botschaft und Erfahrung der frühen Kirche der Sprache der Griechen bedient. Schönheit wurzelt für das Abendland allemal in deren Geschichte, weshalb ich den deutschen Schriftsteller und zeitweiligen Sekretär Gerhart Hauptmanns Erhart Kästner (1904–1974) anführen möchte: »Das waren Zeiten, in denen die Lust der Schöpfung noch empfunden war. Wer sich der Schönheit zuwandte, hatte nicht das Empfinden, Gott abgewendet zu sein. Der Entzückte war vom Atem der Götter gestreift. Dabei ist es der Gedanke der Ebenbildlichkeit, welcher gewiss der Knospenpunkt ist, wie im Schöpfungsbericht. Weil der Mensch Gottes Ebenbild ist, ist es Gott gefällig, die Schönheit zu steigern, zu preisen, zu ehren. Man kämpft sich empor. Der Sieger von Olympia ist ein Liebling der Götter, ist ihnen näher gerückt. Wo ist denn der Vater, der seine Kinder nicht schön haben will? Strahlend vor Jugend und Kraft, so gefallen sie ihm. Immer erinnerte man sich gern der alten Geschichte, wie einmal ein olympischer Kämpfer während des Wettlaufs den Gürtel löste, um schneller laufen zu können. Es siegte. Seitdem kämpfte man nackt. Im Gottesdienst also begann der Adel des Nackten. Es war eine höhere Stufe als die Verhüllung vorher. Denn auch der Wille verhüllt sich, aber die Götter sind nackt. Der Mensch im Dienste des Gottes entblößt sich, wie sich das Kind vor dem Vater nicht schämt. Es ist ein Akt des Vertrauens, der Hingabe. Kindschaft ist da.«

Die unverstellte Wirklichkeit in Natur und Kultur birgt so viel Seele, so viel Geist. Dieses Buch gelte es ebenso zu lesen wie die Bibel, weil erst beide »Bücher« zusammen die Fülle der Mitteilung Gottes offen legen. Der 1937 geborene israelische Aphoristiker und Lyriker Elazar Benyoetz sagt: »Der Weg zum Diesseits ist genau so weit wie der Weg zum Jenseits.« Im Feld der Ästhetik aber gehen die diesseitigen Wege parallel zu den jenseitigen und umgekehrt. Mir will scheinen, sie benutzen sich gegenseitig zur Deutung ihres Sinnes.

Wenn man durch das Leiden
im Fleisch reift,
so reift man auch an der Schönheit
im Fleisch.
Wenn man durch die Geduld im Fleisch
reift,
reift man auch durch die Freude
im Fleisch.

III. Meditationen

1. Bettet!

Bettet die Seele
in ein Burgund aus Fleisch,
lasst sie als
würzige Hautwiese atmen.

Leiblos ist
heimatlos.

2. Seit

Seit Adam vor Gott ins Versteck ging,
weil der süße Saft der Ichfrucht
seine Haut mit Nacktheit bestrich,
wächst die Zeit als Zauberwald,
da Gott Verstecken spielt.

3. Haut

Ohne Haut ist kein Außen
kein Innen.
Daher ist Haut Ort von Gebet.

4. Warum?

O Gott, warum hast du
Haut geschaffen, die ein Geheimnis
birgt und es verspricht,
wozu wir nie genug Zeit haben,
um es zu erlauschen?

5. Abendgebet

Ich bin ein Mann und jemand sagte mir, ich sagte
Sachen, die sonst niemand sagt, vor allem nie ein
Mann. Voll Dankbarkeit hör ich solches. Es sagt
mir doch, dass ein Mann nach meiner Art zu sein
auch wichtig sei. Vielleicht ist ein Mönch zu sein gar
nichts anderes als vor Liebe platzen. Ich weiß, dass
sie es mit Verzicht und Opfer definieren. Ich aber
merke, dass es auch Lust und Freude ist, ein Jubeln
und ein tolles Schreien aus der Fülle des Daseins.
Wie gern würde ich mit den Chassidim einen Orden
gründen. Es wäre ein Orden von Gotttrunkenen, die
ebenfalls Stabilität lebten. Sie gingen nicht aus dem
Haus, weil alles so gottvoll und heilig ist. Oder sie
rennten nur in der Natur herum, weil Gott so saftig

überall sich zeigt. Ich merke seine heilige Gegenwart in der Kraft meines Leibes, in den Schenkeln. Schade, dass niemand genießen kann, wie sehr ich ihn liebe. Gott, dann genieße du meine Schenkel, freu du dich an dem prallen Leben, das in mir ist. Freu du dich an der rosa Farbe meiner Haut. Gott, schmiege du dich an mich. Merke das volle Leben – von dir ist's gegeben. Danke für die Flammen in mir, für die Wärme, für alles. Ja, ich bin ein Mann, der von sich redet, wie es sonst vielleicht nur Frauen können. Das ist schön, so zu sein, wie ich bin. Ich weiß, ich schreibe da einen ungewohnten Text. So betete es in den gedruckten Büchern nicht. Macht nichts. Die gedruckten Bücher mit ihrem toten Imprimatur sind ja nur ein Teil des Lebens. Das andere ist wortlos da. Nur, ich gebe ihm ein wenig Namen. Die Namen sind: Leib, Fleisch, Schenkel, Schoß und weiche, warme Haut, sind Duft, Geruch von Haut und Schweiß und verlebtem Tag, sind Atemzüge und Bewegung ganz von innen. Die Namen lauten: lustiges Kitzeln, Angerührtsein und Gespanntsein durch den ganzen Rücken, Entspannung durch die Haut. Die Namen sind: das Geräusch Deines Atems und Dein Jauchzen, weil ich Dich berühre, o Gott. Du hast die Liebe erfunden. Danke, dass ich Mönch bin und das so merke, dass ich jetzt allein bin, um dem allen Namen geben zu können. Das Erleben allein genügt nicht, es braucht Namen, um ans Licht zu kommen, damit es zum vollen Lobpreis werde. Danke. Ich habe immer wieder Angst, dass diese Texte blöd sind. So was sagt man doch nicht. – Wer sagt denn das? – Ich hab schon so viele Leute getroffen, die das so fühlen, aber einsam sind, weil das niemand sagt. Drum sag ich's laut, Gott. Gott, danke! Schlaf gut!

Literatur

Betz, Otto, Der Leib als sichtbare Seele, Stuttgart 1991.

Dürckheim, Karlfried Graf von, Hara, die Erdmitte des Menschen, Frankfurt a. M. 2005.

Dufner, Meinrad, Seele ist Körper, Ausstellungskatalog, Münsterschwarzach 2008.

Guardini, Romano, Liturgische Bildung, Rothenfels 1923.

Ders., Vom Geist der Liturgie, Feiburg i. Br. 1951.

Modler, Peter, Die wunderbare Welt der Katholiken, Eine Art Liebeserklärung, Freiburg i. Br. 2007.

Die Lebenskunst der Klöster
Münsterschwarzacher Kleinschriften

Die Titel dieser Reihe sind auch im **Abonnement** zu beziehen. Gerne informieren wir Sie unter Tel. 09324/20-292 über diese Möglichkeit.

VIER-TÜRME-VERLAG
Telefon 09324/20-292 · Telefax 09324/20-495
Bestellmail: info@vier-tuerme.de / www.vier-tuerme-verlag.de